東京・千代田区の東京海上ホールディングス株式会社
東京海上日動ビル本館（右)、新館（左）

"Good Company" を目指し挑戦を続けている
東京海上グループの従業員たち

（上）2012年、デルファイ社が東京海上グループに加わることが決定
（下）東京海上グループの幹部を集結して行われる国際会議

東日本大震災への対応〈地震発生～1週間の動き〉

2011年
3月11日　地震発生
本店災害対策本部設置
3月12日　先遣隊第一陣が支援物資を持参して被災地へ出発
地震災害事故受付センター設置
契約者向け特別措置（更新手続き・保険料払込の2カ月猶予）の実施を公表
3月13日　ベルフォア社による復旧支援開始
救援物資を積んだ4tトラック2台が被災地へ出発
3月14日　「迅速な保険金の支払い」「代理店の復興支援」を最優先し、全社を挙げて取り組む方針を、社長が全社員に通達

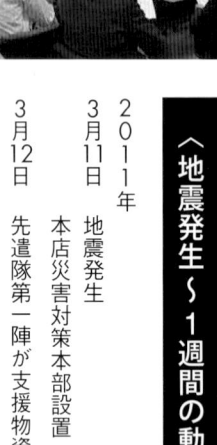

3月15日　義援金募集活動スタート
食料品、原付バイク、端末などを積んだ4tトラック2台が被災地へ出発

3月16日　事故受付件数1万6700件
（1週間で阪神・淡路大震災の事故受付件数を上回る）

3月17日　契約者向け特別措置の猶予期間を6カ月に延長

3月18日　震災対応応援要員確保に向けスタッフ緊急募集開始
全国から集まった乾電池2万個を被災地へ搬送

その後も延べ約9000人の応援要員を被災地へ派遣
保険金の早期支払いに全力を挙げて、震災発生から2カ月後には被害物件の確認をほぼ完了

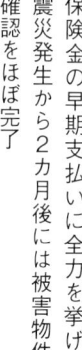

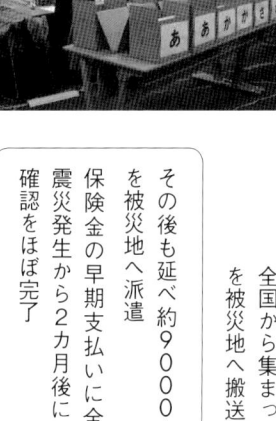

1999年から取り組んでいるマングローブ植林プロジェクト
地球温暖化防止に効果があるといわれているマングローブの植林事業を100年継続することを目指して取り組んでいる

2014年2月　自動車保険誕生100周年ポスター
自動車保険は1914年に東京海上日動（当時は東京海上保険株式会社）が初めて営業認可を取得した

タブレット型端末やスマートフォンなどを活用した「次世代モデル」
(上) いつでもどこでも持ち運んで使える保険・サービスがコンセプトの
スマートフォンアプリ「モバイルエージェント」
(下) 保険料試算や申込み手続きなどがタブレット端末で行える「らくらく手続き」

リーディング・カンパニーシリーズ

東京海上ホールディングス

野崎稚恵／倉田楽／久野康成

出版文化社

c o n t e n t s

目次

第3章　東京海上ホールディングスの経営分析　101

第4章　東京海上グループの海外戦略　137

c o n t e n t s

目次

contents

目次

第6章　使える企業情報源……177

本文組版／小堀由美子（アトリエゼロ）

chapter 1

第1章

トップが語る東京海上グループ

2013年から東京海上ホールディングスのトップに就任し、
“Good Company” の実現に向けて
邁進し続ける永野毅社長に、
東京海上入社のきっかけや、
自身がこれまで携わってきた仕事、
そして東京海上グループのDNAと
未来像について語ってもらった。

インタビュアー
野崎 稚恵

「良い会社を目指して“To Be a Good Company”」。
大切なことは、如何にお客様の「いざ」というときに
お役に立てるか、「安心」をお届けできるか、そして、
人々のチャレンジを支えていけるかに尽きるのです。

取締役社長(代表取締役)

永野《ながの》 毅《つよし》

「リスク」と隣合わせの学生時代

私は学生時代、高校、大学と水泳部で遠泳に打ち込んでいました。遠泳は泳ぐ者、船で伴走する者、陸から見守る者がチームを組み、自ら打ち立てた高い目標を目指し、力を合わせて何十キロもの距離を泳ぐスポーツです。また、自然の脅威に向き合うスポーツでもありますので、泳いでいる者が波に流されたり、船がひっくり返ったりすることもあります。私自身、航空自衛隊や漁師の方に助けられたこともありました。常に様々なリスクと隣合わせの日々であり、「リスクから身を守る」ことの重要性を、遠泳という競技を通して身をもって感じていた時代でした。

部員全員が一丸となって目標に立ち向かうため、必然的にチームの結束は強くなります。同級生はもちろん、先輩、後輩とも非常に親しくなりました。大学時代に強い絆で結ばれた先輩のひとりが、水泳部からはじめて東京海上火災保険株式会社(現東京海上日動火災保険株式会社、以下、「東京海上」)に就職し、「東京海上は良い会社だぞ。働いている人も良い人たちばかりだ」「東京海上の水泳部のためにも活躍してほしい」と誘ってくださり、会社の方たちを紹介してくださったのです。彼らの誰もが仕事について熱く語り、心底会社を大好きなことが伝わってきました。

「この人たちと一緒に働きたい」「人生を共有したい」という思いが、自然と東京海上への入社を希望する気持ちへと変わっていきました。

「仕事でこんなに輝いていられるなんて、東京海上は人を大事にする会社に違いない」。入社前に感じた思いは、四〇年経ったいまも変わりません。もちろん、このときにはまさか自分が社長になるとは夢にも思っていませんでした。

東京海上入社、企業営業担当になる

一九七五（昭和五〇）年、私は東京海上に入社しました。新入社員一八七名のうち、私と同じ体育会出身者は全体の二割ほどおりました。後にフジテレビキャスターとなる上田昭夫さんをはじめ、同じ大学の仲間も何人かいて心強かったです。入社して最初の三カ月は御殿場の研修センターで新人研修を受けます。毎朝ラジオ体操でスタートし、続いて長距離走です。小山さんという鬼軍曹のような指導教官に心身ともに鍛えられました。新人研修が終わると実地研修がはじまります。私は下北沢にある北沢支社に仮配属となりました。取引のないお客様や代理店さんの門を叩いて「弊社と取引をしませんか？」「代理店になりませんか？」とセールスをするのが仕事です。ここではビジネスの基本を学ぶとともに、社会人としての心構えを教わりました。

三カ月後、「東京で企業営業をやってみたい」という希望が叶い、企業営業部に本配属になりました。セクションは建設業者、いわゆるゼネコン担当です。クレーンが立ち並び、大勢の人が働いている工事現場を訪ね、保険に入っていただくようセールスをします。日本国内だけではなく、海外にも足を運び、建設工事、道路工事、地下鉄工事など、あらゆる現場を回ることで貴重な経験を積ませていただきました。

入社三年目でのはじめての海外出張を、いまも鮮明に覚えています。香港の地下鉄、台湾のダム建設などの土木工事の保険業務に携わったのですが、地中の奥深く、立坑《たてこう》（垂直方向に掘られた坑道）に入っていく際には、「このトンネルは崩落するかもしれない。私たちはこういう危険な場所で働く人たちの保険を任されているんだ」と責任の重さに身が竦《すく》んだものです。その後、香港と九龍を結ぶ紅磡《ホンハム》海底トンネルの工事現場にも行きました。トンネルが壊れたら海水が一挙に押し寄せ、そうなれば現場の人たちの命を奪ってしまうかもしれない。危険と隣合わせの工事現場で日々働く人たちがいて、彼らの支えとなる保険の重要性を日に日に強く感じていったのです。

損害保険商品の多くは、一年満期で毎年更新の手続きを行いますが、私が担当していた工事保険の多くは工期が終われば終了する一回切りのスポット契約です。ゆえに新規契約を獲得し続けなければなりません。競合他社と激しく競い合うハードな日々でしたが、時代は高度成長の最中で、建設ラッシュでした。契約を積み重ねていくことがお客様の安心・安全につながるという使命感に満ちた、とても充実した毎日でした。

私たちが扱う保険商品は、それ自体は目に見えません。お客様の目に映るのは、セールスをする私たちの姿だけです。私たちが信頼されなければ、契約にはつながりません。どうすればお客様のためにお役に立てるのか、毎日必死になって考えました。そして、ご縁をいただいたお客様とは一生大事にお付き合いさせていただくという覚悟も学んだのです。

入社からの七年間、ゼネコンのお客様相手にスケールの大きな仕事をさせてもらえたことは私にとってかけがえのない財産です。

ロサンゼルス地震と阪神・淡路大震災

一九八八（昭和六三）年、ロサンゼルスへ異動になります。そして、赴任して六年目を迎えた一九九四（平成六）年一月一七日、ロサンゼルス地震（ノースリッジ地震）に遭遇しました。マグニチュード六・七で、死者六一名、負傷者約七〇〇〇名以上を出し、崩壊したサンタモニカ高速道路は私が通勤で毎日使っていた道路です。通勤時間と重なっていれば、私も命を落としていたかも知れません。私たちの生活はリスクとは隣合わせだということを改めて実感し、被災された方々に対する私たちの責務に身を引き締め支援活動を行いました。

その年に帰国し、翌一九九五（平成七）年一月一七日、ロサンゼルス地震からちょうど一年後の同じ日に阪神・淡路大震災が起こります。マグニチュード七・三、死者六四三四名、行方不明者三名、負傷者四万三七九二名と甚大な被害をおよぼしました。応援部隊として現会長の隅と神戸に行き、支援活動に身を投じたのです。

会社人生をかけた生損保一体型「超保険」の開発

会社人生のなかで、最大のピンチでもありチャンスでもあったのが、二〇〇〇（平成一二）年からスタートした「超保険」の開発です。超保険とは、住まい、自動車、ケガ、病気など、お客様とご家族を取り巻く様々なリスクに対する補償がひとつにまとまった商品です。例えばお客様が交通事故で入院されたとき、自動車保険のケガの補償と傷害保険の保険金の支払いが重なる場合があります。超保険はこうした補償の重複をなくし、お客様に必要な補償をひとつの保険にまとめました。

きっかけは当時の社長、樋口（現名誉顧問）の言葉でした。

「日本の保険会社は自分たちの理屈で物事を考えてはいないか。生命保険、損害保険、損害保険のなかでも自動車保険、火災保険……とバラバラに商品を売っているように感じる。『これひとつあったら安心』という商品はできないのか……」。

樋口の言葉を受けて、当時の専務、森から「物ではなくて人ベース、対象は個人ではなく世帯のリスクを補償する商品をつくろう。生命保険、損害保険、システム、損害サービスなど、各方面のプロを集めてお前が指揮を執れ」と命ぜられ、その翌週から私が開発責任者になり、プロジェクトが立ち上がったのです。メンバーは一〇名で、「ジーパン部隊」と呼ばれるようになりました。私たちジーパン部隊は、服装も勤務時間も自由で、とにかく過去にとらわれずに自由で創造的な発想を生み出せるよう、周囲からも隔離され、売り方を含め商品開発のみを朝から晩まで考えていました。

開発から商品化までに要したのは二年です。最初の一年で商品設計、システム構築を行い、残りの一年で関係省庁の認可を取りました。認可申請書は積み上げると一メートルもの高さになったかと思います。保険の常識を覆す前例のない商品に、省庁からは、最初はけんもほろろに却下されました。しかしこちらもプロです。何度もやりとりを重ね、最終的に認可が下り、そして二〇〇二（平成一四）年、超保険が誕生したのです。

この商品は、まずお客様にコンサルティングを行ったうえで、ご家族のプランをシステム設計するオーダーメイド商品です。しかし、最初のシステムはバグがひどく、よほど辛抱強い人でないと提案書はつくれませんでした。一〇時間かけて、それでもひとつの提案書も完成しない、それくらいひどい代物だったのです。

このシステム不良には理由がありました。本来ならシステムのチェックにもっと時間をかけるべきでしたが、二〇〇四（平成一六）年に予定していた日動火災との合併前のシンボル商品にしたいとの思いもあり、二〇〇二年、システムチェックが必ずしも十分でないまま市場に出してしまったことが一因です。それでも私は「初日に一〇〇〇件は売れる」と強気の発言をしていましたが、実際には十数件しか売れませんでした。費やした額はシステム開発だけで約一〇〇億円。社内からは非難囂々《ごうごう》です。そんな窮地を救ってくれたのが、全国各地の代理店さんでした。

「商品設計は難解だし、それにシステムがひどいから改良する必要はあるが、商品の考え方自体は非常に優れたものだから支援していこう」「技術を改善できれば、必ずこの商品はビジネスの柱になる」「何より、お客様の立場に立った、画期的な商品だ」と高く評価してくれました。そして彼らの主催で、全国各地で代理店さん向けにセミナーを開催し、超保険について熱く語ってくれたのです。『「超保険」解体新書』『「超保険」進化論』（共に績文堂出版）という本を発行して下さった代理店の方々もいます。

私たちは代理店さんに勇気づけられ、商品改良のためにモニター会議を立ち上げ、私はリーダーとして全国を回り、超保険の推進に力を注ぎました。熱意のあまり、全国の支店には、支店長や傘下の支社長を飛び越して第一線の社員たちに直接指示を出したため、支店長や支社長たちから大反発を受けたこともありました。

「莫大な費用をかけているにもかかわらず、全然売れない。第一、こんなややこしいコンサルティング商品が売れるわけがない」「リテール商品は単純であるべきだ」「このまま超保険を続けていけば、いつか会社がつぶれてしまう、私たちの年金も出てこない」「いますぐ商品を廃止して、永野をクビにしろ！」という声も一部のOBや社内から上がったようです。しかし樋口、続く石原（現相談役）、そして隅（現会長）と、三代の社長はそうした声から私を守ってくれたのです。

二〇〇七（平成一九）年、社長になったばかりの隅に、「超保険は複雑すぎて非効率。やめるという選択肢も考えてみたらどうか」と言われたとき、私は「もう少しだけ我慢していただけませんか」と訴えました。お客様のためにも、全国の代理店さんのためにも、そして会社のためにも、超保険は未来を切り拓くためには必要不可欠だと信じていたからです。その後、隅が全国の代理店さんを回ると「超保険はお客様にとって良い商品だから絶対にやめないでくれ」「超保険こそ、私たち代理店の将来を担っている」「これを成功させるほうに持っていってほしい」と代理店の皆さんが各地で隅に懇願してくれたのです。

「永野、代理店の皆さんの声を聞いた。超保険は続けよう。ただし、もっと商品をわかりやすくしよう」。東京に戻った隅から指令が下りました。

超保険について、当社の社員よりも詳しい代理店の方も多く、代理店の方々から社員たちにレクチャーをしていただくという、通常とは真逆の光景が全国各地で見られるようになりました。こうして社内にも少しずつ超保険の支援者が増えていき、商品も改良に改良を重ね、その結果、発売後一二年を経た現在、超保険は一八〇万世帯以上ものお客様にご加入いただいています（二〇一四年一一月末現在）。いまや専業代理店さんの扱う個人のお客様の売上の約五〇％が超保険であり、当社の基幹商品に育ちました。これは全国の代理店さん、社員、そして商品が育つのを忍耐強く待っていてくれた歴代の経営陣のおかげです。

順調なスタートでなかったことが、むしろ成功の秘訣だったのかもしれません。他社は「あんな面倒なものは売れない」と追いかけてもこなかったし、これからシステムに一〇〇億円以上もの投資をし、数年の歳月をかけて追随することもないでしょう。

私たちの使命は、安心・安全を支えることで地域に貢献していくこと。「いざというときに、東京海上の保険に入っていてよかった」と思われるような会社でありたいという心からの思いが超保険を世に広めていく原動力でした。

東日本大震災の教訓

二〇一一（平成二三）年三月一一日、東日本大震災が起こりました。当社に報告があった被害件数は約二〇万件です。当時、社長の隅が災害対策本部長、経営企画担当の私が事務局の責任者でした。少しでも早く保険金をお支払いできるよう、被災地に応援要員を全国各地から延べ九〇〇〇名以上派遣しました。毎朝本店前からバスを出し、現地と東京の間をピストン輸送します。査定の専門外の社員も現場へ向かうため、バスのなかで査定の勉強をして、地元の社員とペアを組み、一日三〜

五件のお宅を回りました。家のなかの倒れた仏壇を起こしたり、掃除をしたり、困っているお客様に少しでも多くお支払いができないか、地べたに這いつくばるようにしながら、ひびや傷を一生懸命に探しました。

「早く来てくれてありがとう。でも、うちよりもっと困っているところがあるから、先にそっちに行ってくれないか。うちは後でいい」。訪問先ではこのように言われることが何度となくあったのです。また、被害に遭われた大変な状況にもかかわらず、お茶やお菓子を出してくださるなど、私たちを温かく迎えてくださいました。なかには差し上げた名刺を神棚に飾られ、「よく来てくださった」とお礼を言われた社員もいたそうです。被災地で、被災者の皆さんの温かさに触れた社員は、「目の前に困っている人がいる。なんとかもっと早く保険金をお支払いして、少しでも安心してもらいたい」と、心に火がつきます。また、代理店さんと協力しながら被害物件の立ち会い作業を進めていくうちに、保険という仕事が如何に地域社会に密着しているかということを皆が肌でつかんでいきました。「安心を届ける」ということが、私たちの最も重要な使命です。だからこそ「いざ」というときにお客様が困らないように、平時から保険の大切さを伝えきらなければなりません。この気持ちを持ってお客様に真摯に向き合えば、お客様は必ず心の窓を開けてくれるのです。現在、全国の売上が伸びているなか、特に東北での成果が目覚ましいのは、代理店さんと私たちがこの使命に向けて、心をひとつにしているからだと思っています。

東日本大震災では、地震保険にも注目が集まりました。震災前に地震の補償に加入していた方からは「本当に入っていてよかった」と感謝された一方、被災エリアの代理店さんからは、「近い将来、大地震や津波が来るかもしれないということは予測していた。それなのに、お客様のためにどうしてもう一言強く地震保険をおすすめしておかなかったのだろう」と悔やむ声も聞かれました。

というのも、地震保険に加入していなかったために保険金が支払われないケースが多々あったからです。お客様からは「あなたのところの保険に入っていても、意味がないじゃないか」と厳しいご指摘をいただく場面もあったようです。安心・安全をひとりでも多くの方々にお届けすることが私たちの使命であり、こうしたケースを一件でも減らせるよう、努力を重ねていかなければならないと決意を新たにしました。

今後の日本の最重要課題のひとつである防災・減災においても、私たちの活動範囲は広がっていくと考えています。災害は起こらないのがベストですが、予測不可能であり、一〇〇%リスクを予防できることはあり得ません。いざというときに、被害を少なくする、あるいは被災後、被災者の方々が、如何に元の状態に早く戻れるかを支援していきたいと思っています。私たちの仕事は、正に総合安心安全サービス産業なのです。

二〇〇年続く「良い会社」を目指す

東京海上日動は、二〇一四（平成二六）年に創業一三五年を迎えました。しかし、日本には二〇〇年以上続く会社が三一〇〇社以上もあり、その数は世界の半分以上を占めています。その理由のひとつとして、私は、長く存続する会社は「如何に自分たちの商品を売るか」ではなく「如何にすればお客様から選ばれるか」を愚直に考え、実践してきたことが挙げられると思います。欧米企業は、如何に儲かるところに商品を売り、利益を出し続けるかを重視します。グローバル資本主義社会のなかで、株主がオーナーということは間違いないでしょう。株主に対して良い会社でなければ私たちは存在しません。利益や配当は正に空気のようなものであり、利益が出せなくなった途端、サドンデスで会社はつぶれていきます。しかし私たちにとって、利益はあくまで通過点であり、最終目的ではありません。真の目的は、利益のその先にあるもの、すなわち、お客様や地域社会の「いざ」というときに役に立つ「安心」という商品・サービスをしっかりお届けすることにあります。当社の商品・サービスの根幹は、お客様の万一のときの対応を行う損害サービスにあります。保険会社のビジネスは、お客様が事故や災害で本当に困られたときに如何にお役に立てるかが生命線です。「あなたを頼りにしている」「いざというときに、あなたがいてくれてよかった」と思っていただくこと、それが創業以来当社が大切にしてきたものです。

海外のグループ社員にも、「私たちは海外事業に投資をしているのではない」と話しています。投資であれば、利益が最終目的となるでしょう。しかし私たちの最終目的は「Look Beyond Profit」すなわち、利益のその先にあるものであると言っています。そして一〇〇年後もその地域にとってなくてはならない会社であることだと常に話します。私たちが大切にしたいのは、お客様や社会の「いざ」というときのための商品・サービスを開発し、「安心」をお届けし続けることで如何に日々の信頼関係を構築できるか、そしてその信頼を私たちの支持につなげ、成果につなげることができるかということです。当然ながらこれらの活動の出発点は社員です。したがって、如何に社員をやる気にさせられるか、イキイキと働いてもらうかが私にとって最も重要なのです。これらを実現してきたからこそ、多くの日本企業が二〇〇年以上存続してこられたのだと思います。

繰り返しになりますが、大切なことは如何に売るかではなく、如何に選ばれるかなのです。お客様や地域社会に安心をお届けし続ける、これこそが当社がこれから一〇〇年後も存続できる唯一の道なのだと思っています。

社長になって以来、私は、「良い会社"Good Company"をつくろう」と社員にも自分自身にも日々言い続けてきました。良い会社は一朝一夕にできるものではありません。社員全員で私たちが何のために働くのかという仕事の目的を常に意識・共有し、その目的に沿って日々正しいことを正しく行うことを繰り返すしかありません。社員とともにこの終わりのない旅、エンドレスジャーニーを歩み続け、これから一〇〇年後も存続できる良い会社をつくっていきたいと思います。

少子高齢化のなかで、日本をどう再成長させていくかを私たち民間企業も真剣に考えていかなければならないと思っています。日本の成長なくしては、私たちの成長もあり得ません。日本と私たち民間企業は運命共同体なのです。政府の成長戦略に対しては、民間企業としてできることをしっかり後押ししていきます。国民の健康、介護、農業、新テクノロジーなど、民間が様々なリスクをとって成長させていかなければならない分野は今後いっそう増えていくでしょう。そうしたリスク・チャレンジを支えていけるような保険商品・サービスを提供していくことが私たちの使命だと思います。そうすることによって、日本の成長とともに私たちも成長していけるような会社を目指します。

当社が求める人材

日々のふとした発言や行動が、いついかなるときもぶれず、経営理念を自分自身のものとして、自らの言葉で語り、体現できる人。お客様の視点でものを考え、お客様のためにどこまでも愚直になれる、そんな人材を当社は求めています。

グローバル化の進むなか、当社においても「グローバル人材」の育成が急務です。今後、グループのビジョンを世界中で共有することが益々重要になってきます。そのような状況をふまえて、当社では、シニア・グローバル・リーダー研修と称して、海外を含むグループ企業全体から経営幹部候補を選抜し、日本、ニューヨークなどを回り、一年近くかけて研修を行っています。二〇一三（平成二五）年には八カ国一二名が参加しました。

二〇一三年の研修プログラムのひとつは、東北の被災地で行いました。そこでは震災後に復興支援や保険金の査定を行った社員、代理店さんの話を聞く機会を設けました。そして、二〇一一（平成二三）年三月一一日以降の当社の活動を収録したDVDの映像を観ます。映像の解説をする代理店の方は、身内を震災で亡くされ、震災当時の状況とご自身の活動をところどころ涙を抑えながら説明してくれました。その後メンバー同士でディスカッションをし、被災現場に足を運びます。〝奇跡の一本松〟を訪ね、被災現場の空気を感じ、私たちの存在意義・使命を肌で感じとってもらうのです。外国人である彼らには、「良い会社〝Good Company〟をつくろう」と言っても、最初はまったく意味を理解できません。「如何にして利益を出すか」「如何にして株主に貢献するか」が目標でありゴールの彼らにとって、「Good Company」はあまりにも漠然とした言葉だからです。

しかし、東北での研修を通して、彼らはその真意をとらえます。「私たちが何のために存在するのか、如何に保険が地域社会にとって大切なビジネスか、ということがよくわかった」と言って、本国へ戻ると、「Good Companyとはこういう意味なんだよ」と、自分たちの言葉で仲間たちに熱く語ってくれるようになったのです。

新人研修でもこの映像を観せると、やはり新入社員たちは変わります。「私たちはこんなに素晴らしいグループの一員なのだ」ということを、誇りを持って話してくれるようになるのです。

伝えたいことは、日本企業としてのアイデンティティです。私たちの日々の活動に派手さはありませんが、日々正しいことを正しくやり続けることの意味、大切さをわかってほしいのです。災害や事故の現場で、被害に遭われた方と言葉を交わし、ときには地べたに這いつくばるようにしながら、一生懸命に被災者の方への思いを込めて査定を行う、それが私たちの仕事です。社会のなかに入り込んでいる、泥臭い仕事です。そういう泥臭さこそ、日本が世界に一番誇れるものではないかと思います。

ダイバーシティへの取り組み

当社グループの中核保険会社である東京海上日動の女性従業員は七九九六名（二〇一四年九月末現在）と、従業員全体の半数近くに上ります（※1）。二〇一三年七月には、転居せずに同じ地域で働く地域型従業員から初の女性執行役員が誕生し、また社外監査役を含む女性役員は三名になりました。現在、課長以上の女性リーダー層（役員含む）は一六七名、全体の五・一％と五年で三倍あまり増加し、準リーダー層と位置づける課長代理も三七〇名と大きな力を発揮しています。安倍政権は、女性管理職の数を三割に増やすと宣言していますが、主体はあくまでも一人ひとりの発意。つまり、自分自身が「どうなりたいのか」ということです。女性従業員のさらなる活躍のためには、数値目標ありきではなく、多様な働き方が認められる環境を整え、様々な人生の選択をサポートしていくことこそが大切だと考えています。そうすることで、無理に女性を引き上げなくても将来的には自ずとリーダーの半分程度は女性になって然るべきと考えています。

女性従業員が活躍するためのキーワードとして、私は『期待する』『鍛える』『活躍する機会と場を与える』という〝三つのK〟を常に重視しています。若年層から男女の別なく期待して、同じ成長の機会を得るべく鍛えるのです。リーダー候補者を選抜した研修に、女性従業員も積極的に参加させています。そして、そのためにも女性が活躍しやすい環境を整えています。具体的には、生活の変化をイメージして、それに即し、出産、介護などのライフイベントに直面した従業員に対し、会社は仕事と両立できる環境整備を図っています。当社には女性の活躍のために「育児フルサポート　8つのパッケージ」と称した、出産休暇制度、育児休業制度、退職再雇用制度などを取り入れた母性保護・育児支援制度があります。こうした取り組みが評価され、東京海上ホールディングスが二〇一三年度の「なでしこ銘柄」に保険業としてはじめて選定されました。なでしこ銘柄とは、経済産業省が東京証券取引所と共同で企画し、二〇一二（平成二四）年度からスタートした、女性の活躍推進に優れた上場企業を選定するもので、二〇一三年度は二六社が選ばれています。今後も女性従業員が働くうえでの障壁を取り除く制度を拡充していきたいと思っています。

さらに、当社は外国人や障がい者が活躍できる、多様性のある企業を目指していきます。政府は外国人観光客を二〇二〇年度に二〇〇〇万人まで増やし、外国からの留学生や高度人材の受け入れも拡充しようとしています。特区では育児をサポートする外国人人材の受け入れにも対応していることに鑑みて、観光客、留学生、あるいはビジネスで日本に訪れる人たちのリスクを減らせるよう、何らかの支援をしていきたいと思います。ちなみに、経済産業省が二〇一二年からはじめた、ダイバーシティ経営によって企業価値向上を果たした企業を表彰する「ダイバーシティ経営企業100選」にも東京海上日動は選ばれています。

また当社の子会社に、障がい者への就業機会を広く提供する東京海上ビジネスサポートがあります。東京・大阪・名古屋・福岡の事業所で、知的・発達障がいのある従業員を中心に、東京海上グループ各社の書類発送業務、データ入力・加工業務、印刷業務、名刺・自動印作成業務、湿式シュレッダー業務などを受託し、グループ各社をサポートしています。今後さらにキャリアパスや、安心して働き続けることのできる環境を整備し、障がい者支援を拡充していきます。

日本発のグローバル企業

買収した欧米三社、キルン（社）、フィラデルフィア（社）、デルファイ（社）の事業が順調に育っています。キルンはロイズマーケット（※2）の主要保険会社であり、フィラデルフィアは学校、病院、非営利団体などのマーケット、デルファイは就業不能保障保険や労災保険の分野を扱います。今後は成長マーケットであるアジアへの事業展開も加速させていく予定です。グローバル化にはエリアや事業の分散を図ることで事業の安定を図るという大きな意味があります。M&Aはケミストリー（相性）が大事だと思っています。経営理念や大切にするものが合わなければ、M&Aはうまくいきません。とはいえ、異なる文化や背景を持つ者同士がひとつになるうえで、双方が互いの立場を理解し合うということは非常に重要です。

特に欧米企業とのM&Aの場合、私たち日本人は種を蒔《ま》き、耕して、収穫する農耕民族であるのに対し、欧米人は狩猟民族であるとよくいわれます。利益はいくら上がるのか、それによって自分はいくら報酬が得られるか、それが彼らにとっての重要事項です。この価値観の違いを否定せず、相互に尊重しながらシナジーを高めていくのが東京海上グループのやり方なのです。彼らの持っている伝統の強みを活かしながら、東京海上グループに入ることで、さらに付加価値を高めていく。実際、買収後に格付が上がり、ビジネスチャンスが増えています。こうしたチャンスを逃さずに、グループで共通の商品やシステムを開発し、共通のチャネルを活用しながら、シナジー効果で〝良い会社〟という共通のビジョンを実現していきたいと思っています。

私たちは、彼らの文化やこれまでの強みを一切否定しません。文化というのは、互いを打ち消し合うものではありません。私たちの持っていない素晴らしい文化が混ざり合うことでシナジーを起こし、私たちのグループをさらに良いものにしてほしいのです。買収した海外企業のうち、フィラデルフィアに約一五〇〇名、デルファイには約二二〇〇名の従業員がいるなかで、日本人従業員は四、五名ほどにとどめ、現地の経営スタイルを尊重しています。

一方で、欧米の会社では五～一〇年の間にキャリアパスで多くの人が次の会社に移っていきます。マネジメント層も同様です。アジアでも、シンガポールなどは欧米の考え方に近いといえますが、そうした考え方を尊重する一方で、私としてはできるだけ当社に長く在籍してほしいと願っています。五年のところを八年、一〇年のところを一五年というように、「この会社は魅力的だから少しでも長く働いていたい」と思ってもらえるようにしたいのです。外から見ても「あの会社は良い会社だ」と言われるようにしていければ、それだけでバリューになると思っています。

中長期計画

国内損保、国内生保、海外事業を三本柱に、ひとりでも多くのお客様に安心・安全を提供できるようグループ全社員が一丸となって努めて参ります。

多発する自然災害、高齢者人口の増加など多様化する社会にどのように安心を提供していけるかも喫緊《きっきん》の課題です。環境はどんどん変化しています。私たちの売上の半分は自動車保険ですが、次世代自動車の研究が進むなど、自動車の技術革新が進む一方で、同時に新たなリスクも現れてきます。自動車に限らず、多様化する技術革新にどう対応していくかは難しい戦略となりますが、ビジネスの根幹には「安心の提供」という揺るぎない信念があります。この信念をもとにリスクの変化を読み取り、ビジネスに落とし込んでいきます。また、収益改善という課題については、現行の中期経営計画の最終年度となる二〇一四年度には、コンバインド・レシオ（※3）で九五％レベルを安定的に維持できるようにすべく取り組んでいます。

国内の生保事業では、通院や介護、就業不能といった新たな『生きるリスク』といえるような事態に対応した商品・サービスの開発に力を入れてきたいと考えています。競争が厳しくなるなか、常に先行する努力が不可欠です。傘下には、訪問介護の会社など、様々なノウハウを持つ企業があり、そうした経営資源を組み合わせ、市場で独自の存在感を発揮していきたいと思っています。

海外事業の純利益も二〇一三年度には約一三〇〇億円程度にまで伸びてきましたが、目先の利益だけを追いかけるのではなく、日本発のグローバル保険グループとして世界に安心をお届けしていくことにより、各々の地域にとってなくてはならない会社として引き続き成長していきたいと思います。

次の一〇〇年を見据えて

二〇一四年で東京海上グループは創業一三五年という節目を迎えました。「良い会社を目指して“To Be a Good Company”」を経営ビジョンに掲げ、次の一〇〇年を見据え、日本のリーディング・カンパニーとして世界有数の保険グループとなることを目指しています。

社員のやる気をひとつに束ね、組織の力にして結果に結びつけるのが社長の役割です。役員には私の分身として、担当役員から部長・支店長に、部長・支店長から課長・支社長に、そして課長・支社長が社員や代理店の皆さん一人ひとりの心に火をつけられるよう、情熱のバトンをつないでいってほしいと願っています。

一〇〇年、二〇〇年続く企業であるためには、お客様や地域社会から如何に選ばれるかが鍵です。「正しいことを正しくやり続ける」、これ以外にありません。お客様のニーズ、社会のニーズを無視しては、私たちのビジネスは成り立ちません。如何にお客様の「いざ」というときにお役に立てるか、「安心」をお届けできるか、そして、人々のチャレンジを支えていけるかに尽きるのです。これからも、この軸をぶらすつもりは絶対にありません。

※1…従業員数は全国型と地域型従業員の合計で役員を含む
※2…英国ロンドンにある古くから世界的な保険取引所、または保険市場そのもの
※3…保険会社の収益力を表す指標。「損害率」と「事業費率」のふたつの数値を合算したもの。数値が少ないほど、その保険会社の事業効率は良く、収益力が高いとされる

chapter 2

第2章

東京海上グループと業界の歴史

1879年に日本初の保険会社として誕生した
東京海上。創業以来、時代の波に左右され
順風満帆な航海だけではなかった。
しかし、数々のリスクや困難に直面しながらも
リーディング・カンパニーとして、
それらを乗り越え、世界中の人たちに「安心・安全」を
届け続ける東京海上グループの歴史を紐解いていく。

倉田 楽

本章では、以下の社名を「東京海上」と略称しています。
- 東京海上保険会社
- 東京海上保険株式会社
- 東京海上火災保険株式会社

「TOKIO」に秘められたDNA

日本が近代化への歩みをはじめた一八七九（明治一二）年八月一日、東京海上グループのルーツである東京海上保険会社が、日本初の保険会社として設立された。

現在、東京海上日動火災保険の本店（東京都千代田区丸の内）の受付には、「TOKIO MARINE NICHIDO」と英語で刻まれたコーポレートシンボルのプレートが飾られている。「TOKYO」でなく「TOKIO」と綴る英語表記は、創業ほどない一八九〇（明治二三）年頃、当時英国人が東京のことを「TOKIO」と発音し、表記していたことに倣ったものだ。以来、東京海上グループは「TOKIO MARINE」の表記を使い続け、欧米の保険業界では今日でも「TOKIO MARINE」として知られている。「TOKIO MARINE」は、東京海上グループのグローバリズムの象徴として、いわばDNAのように連綿と受け継がれていく。

東京海上設立の発起人は、生涯に約五〇〇もの企業の育成にかかわり、「日本の資本主義の父」と称される渋沢栄一である。だが、渋沢が当初設立しようとしたのは、損保会社ではなく鉄道会社であったということはあまり知られていない。

時計の針を東京海上設立の数年前へ戻そう。明治維新の廃藩置県（一八七一年）

により一挙に社会的な役割を失った華族（旧大名）グループが、国の発展に役立ちたいと考え、政府に東京―青森間をつなぐ鉄道会社の設立を申請した。しかし、この構想はあまりにもスケールが大きく、工部省（鉄道、造船、製鉄、電信など近代国家に必要なインフラ整備を管轄した官庁）に申請を却下された。そこで次に東京―青森間より建設費が少なくて済む東京―宇都宮間の鉄道建設を申請したところ、予算面で問題ないと判断され、工部省から許可が下りた。

華族グループは一〇年間に二五〇万円を毎年一定額ずつ出資するという条件で、鉄道会社の経営を渋沢に依頼した。一八七五（明治八）年に第一国立銀行（後の第一勧業銀行、現在のみずほ銀行）の初代頭取に就任した渋沢の経営手腕を見込んでのことだろう。

「日本資本主義の父」渋沢栄一
（渋沢史料館所蔵）

しかし、計画を進めていくうちに渋沢は予想以上に資金がかかることを知り、計画を変更する。渋沢は猪突猛進して絶壁に激突してしまうタイプではなく、その先が行き止まりだと気づいた地点でいち早く新たな道を選ぶことのできる臨機応変な経営者だった。渋沢は続いて、政府が建設し、事業としても成功している東京―横浜間の鉄道に目をつけ、払下げを申請した。払下げとは、官公庁が国有地や国営事業を民間企業に売り渡すことだ。

政府は華族グループを破産させまいとして渋沢案に賛成し、払下げ価格三〇〇万円を華族グループが七年で支払うことに決まった。第二回分までの代金は予定どおり払い込まれたが、第三回分を払い込んだ時点で予期せぬ事態が起こった。華族に対する税金制度が改正されたことで、華族は財政に余裕がなくなり、四回分以降を払えなくなったのだ。こうして鉄道払下げ事業は白紙となった。

〝犬猿の仲〟渋沢栄一と岩崎彌太郎が手を結ぶ!?

鉄道払下げ用に集められた資金は約六〇万円だった。渋沢は「これを出資者にそのまま返すのでなく富国殖産のために活用してはどうか」と考えた。渋沢は華族グループと意見交換をし、政府関係者との協議を重ねた結果、鉄道に代わる国家的事業に投資することで合意する。代替候補として挙がった事業が次の三つだ。株式取引所の創設、北上川の開墾と築港、そして海上保険会社の設立。

渋沢は三つの事業のなかで海上保険会社の設立に熱意を示した。第一国立銀行をはじめ多くの事業を手がけてきた経験から、商品の海上輸送に保険の必要性を痛感し、国家的に重要であると確信していたからだ。さらに長い目で見れば利益が十分に期待できるビジネスだと判断したのだろう。当時の大蔵大臣である大隈重信も海上保険会社の設立を推した。こうして約六〇万円の華族の資本は、海上保険会社の設立に使われることになったのである。鉄道の払下げ事業が頓挫したことで、日本の海上保険会社の設立は早くなったともいえる。

さて、この日本初の海上保険会社設立という舞台に、渋沢と並んで日本の実業界に大きな痕跡を残した巨人が登場する。三菱財閥の創始者・岩崎彌太郎だ。当時、郵便汽船三菱会社の経営にあたっていた岩崎は、海上保険業を兼営したいと考え、

三菱の創始者・岩崎彌太郎
（三菱史料館所蔵）

東京海上創業前の一八七六（明治九）年に政府に出願した。だが、政府は海運業を独占している三菱が海上保険までも独占することに不安を募らせ、岩崎の申請を却下したのである。

海上保険会社設立の事実上のリーダーであった渋沢は、この新保険会社には最大の海運

会社である三菱会社の参加を求めるべきであると考え、三菱に出資を要請した。これに対し岩崎は、三菱として海上保険事業の営業が許可されない以上、これに参加すべきと判断。同意の回答を行った。渋沢は三菱の海運と海上保険業の兼業には否定的であったようだが、設立予定の東京海上に岩崎が出資すれば、海上保険会社に対する世間の信用度が高まると予想し、三菱への出資の要請にふみきった。渋沢のしたたかな計算が垣間見える判断である。交渉の結果、岩崎が資本金の三分の一を出資することで話がまとまった。渋沢栄一と岩崎彌太郎。まったくタイプの異なる二人の実業家が同じ時代にいたことで、日本初の海上保険会社の設立はこうして現実味を帯びてくる。

日本初の保険会社が出航

渋沢は三井物産初代社長・益田孝の弟の益田克徳《こくとく》に会社成立の具体案づくりを依頼した。当時の益田は内務省を辞め、在野で自由民権運動を行いながら、保険の研究を二年間続けていた。じつは益田は内務省時代の一八七七（明治一〇年）に海上保険条例の草案を作成し、内務次官の前島密《ひそか》に提出したことがあった。

前島は日本の近代的な郵政制度を確立した人物として知られているが、彼は日本の海運業の自立を図るため、部下の益田に貨物保険を研究するよう命じていたのだ。そういった観点から、益田は当時の海上保険の第一人者だったといえよう。その草案は残念ながら日の目を見なかったが、益田も海上保険を民間のビジネスとして将来有望な事業と見込んでいたため、渋沢からの依頼は渡りに舟の心境だったようだ。

益田はわずか二カ月で創立要旨や保険料率、収支予算を練り上げた。その創立要旨を抜粋し、現代文に書き換えて紹介しよう。

「保険とは他人の危険を担保することだ。一見、如何にもリスクの大きい業務のように思えるが、実際はそうではない。一隻の船が一回の航海でどれほど危険かを予測することはむずかしいが、数十隻の船が数百回の航海に出るときは、その危険が何百分の一というふうに予測できるものだ」。

海上保険はビジネスとして成り立つはずなのに、それまで日本で保険業がはじめられなかった理由を益田は次のように説明している。

「業務に詳しい人材がいないこと、資本が乏しいこと、汽船会社が零細で経営が不安定であったこと」。益田の洞察力の深さがわかる言葉である。

ところで、設立の経緯からも明らかなように、新会社の株式の多数を保有したのは華族であった。その比率は五〇・八％と過半数を占めた。三菱関係者の保有比率

茅場町に新築した東京海上最初の自社ビル

は結果的に一七・五%となったが、華族以外では圧倒的に多い。このほか三井物産、三井銀行、益田孝、三野村《みのむら》利助など三井関係も加わり、財界の指導者である渋沢をはじめ大倉財閥の大倉喜八郎、安田財閥の安田善次郎、住友の初代総理事広瀬宰平《さいへい》らが個人株主として名を連ねていた。

一八七九年七月、海上保険会社創業の申請が東京府（現東京都）知事のもとへ届けられた。そのとき同時に提出された新会社の定款には、出資者をはじめ、頭取（社長）や取締役の権限と責任が明確に記されており、株式会社の定款として完成度の高いものだった。これを理由に「東京海上こそが日本最初の本格的な株式会社」と評価する識者は少なくない。

東京海上保険の初代頭取には蜂須賀茂韶《はちすかもちあき》、取締役に伊達宗城《むねなり》、二橋元長《にはしげんちょう》、三菱の寺村成器《せいき》、毛利家の代理人の柏村信《まこと》といった華族ないし三菱関係者を配し、支配人に益田克徳、相談役に渋沢栄一、岩崎彌太郎の両名という顔ぶれであった。支配人とは、日常の業務すべてを統轄する役職である。ただし益田はオーナーではないので、いわば「雇われ社長」といったところだ。

一八七九年八月一日、国内初となる近代的な保険会社「東京海上保険」が創業した。

順調な船出の水面下で致命的な問題が進行

創業当初の営業は、本店だけでなく代理店に委託して行われた。この時期の代理店の中心は、郵便汽船三菱会社と三井物産両社の支店、出張所などであった。三井関係の資本出資額は、三井物産、三井銀行とも三〇株と少数であったが、営業面では三井物産の各支店が東京海上の代理店として大きな役割を果たした。と同時に、三井物産が最大の顧客でもあったのだ。興味深いのは、創業から数年間の取扱保険種目が貨物保険のみであったことだ。その理由は、リスクの大きな船舶保険が回避され、相対的に低リスクの貨物保険が対象とされたからである。

支配人を拝命した益田は、先に述べたとおり、当時の日本で最も海上保険に精通した人物であったが、この時期の保険料計算はきわめて稚拙であった。益田の会社設立案には次のような計算が記されている。当時の国内主要航路の航海日数が英国の三分の一程度であったことから、海難事故の危険も三分の一と見積もり、ロンドンのロイズ保険組合で適応されている料率八〇〇分の九の三分の一を危険損失平均と定めていたのだ。ロイズは、保険契約者の代理人であるロイズブローカーと、シンジケートの出資者に代わって保険契約の引受条件を決定するアンダーライターとの間の保険契約を取り扱う市場である。ロイズ保険組合自体は法人組織だが、保険会社ではなく、実際の保険引受は、出資者が組成するシンジケートを通じて行われる。

創業初期の東京海上には、経理面でも大きな問題があった。決算時に未経過期間を残している契約の保険料収入は、未経過期間の長さに応じて次年度に繰り越さなければならない。ところが、当時の東京海上では、単年度の収入保険料から保険金、事業費を差引き、残りを収益と見なす収支計算が行われていたのだ。この「現計計算」と呼ばれる保険経理を続けたことが後に経営危機を招くことになる。それでも、国内に競合会社が存在しないため営業は順調だった。また、第三期まで保険金支払いが発生しなかったこともあり、創業初期の事業成績はきわめて良好であった。

益田は、政府の各省各局に対して海上貨物の保険契約を要請した。東京海上が成功しなければ政府の殖産振興にほころびが生じることを懸念し、政府も協力する。そして、渋沢が頭取を務める第一国立銀行が行っていた「海上受合」の業務はそのまま東京海上に引き継がれた。

政府や銀行の協力が得られたことに加え、郵便汽船三菱会社、三井物産という海運、貿易業の雄が代理店となっていることも、東京海上の強みだった。三菱会社は大阪、神戸、四日市、上海をはじめ各支店が相次いで代理店となった。三井物産も社長の益田孝が東京海上支配人の益田の実兄であるだけでなく、内外貿易の拡大を目指していたので、横浜、下関、長崎などの支店をすすんで代理店にした。

この頃、国内の海運業にも変化が生まれていた。郵便汽船三菱会社の独占にあった海運市場に、政府が支援する共同運輸会社が一八八二(明治一五)年に参入し、汽船や洋式帆船による本格的な海運時代を迎えたのである。共同運輸会社には、三菱の独占を快く思わない渋沢栄一や三井物産の益田孝も発起人として名を連ねた。やがて三菱との間に激しいダンピング競争がはじまり、その後、岩崎彌太郎の他界を機に、一八八五(明治一八)年、両社は合併して日本郵船が設立された。

その一方で彌太郎の事業を引き継いだ実弟の彌之助は三菱社(一八九三年に三菱合資と改名)を設立し、借り受けた長崎造船所(後の三菱重工)を核に事業の再興を図った。その前年にあたる一八八四(明治一七)年、東京海上は、わが国初の船舶保険を開始した。きわめて細々としたものであったが、心配された難破事故もほとんどなく、少額ながら安定収入源となった。

海外の船舶保険料収入が急増するも……

東京海上は海外進出にも積極的だった。創業年の一八七九年には、釜山浦、上海、香港を含む一八カ所に海外の代理店が置かれた。翌一八八〇（明治一三）年には、三井物産のロンドン、パリ、ニューヨークの各支店に欧米での代理店委嘱も行われた。それから一〇年後の一八九〇年には、海上保険の本場である英国のロンドン、リバプール、グラスゴーの三カ所で現地会社に代理店を委託するようになる。

当時は世界の海運業の半分を英国が握り、海上保険契約の八割以上がロンドン市場に集中していた。ロンドンでの競争は激しく、本場英国の会社でさえ新設や倒産が繰り返されるほどで、外国企業がこの市場で成功するのは至難の業だった。

ところが、東京海上の代理店を介した保険契約は短期間に驚くほどに急増した。特に船舶保険の伸びは目覚ましく、一八九一（明治二四）年、英国の代理店への業務委託から一年余りで、海外の船舶保険料収入は東京海上の保険料収入全体の五〇%を突破した。その理由は、後ほど発覚することだが、英国の代理店が危険な航路や事故の多い船会社の保険を一挙に引き受けていたからだ。代理店は多額の手数料を得るために、リスクの高い案件を集めて契約していたのである。

そんなことすら知らなかった益田ら経営陣は契約の増加、保険料収入の増加を、東京海上の信用が海外でも認められた結果だと楽観したようだ。こうして一八九〇年前半、突如として経営危機が訪れる。設立間もない会社で国内では競合のない東京海上は、本場のビジネスに疎かったといわざるを得ない。一八九二（明治二五）年下半期以降、海外の保険金支払いの急増を背景として、東京海上の収支は急激に悪化した。一八九四（明治二七）年上半期には一挙に六六万七〇〇〇円という巨額の損失が発生。東京海上の資本金は、先に説明したとおり六〇万円だ。損失はそれを上回る額だった。海外営業の大赤字は、経営危機を招くまでに至ったのである。

この時期、損害保険業界にも大きな変化が生まれていた。一八九一年、岩崎彌太郎の長男の岩崎久彌（後に麒麟麦酒を創業）、明治生命、渋沢栄一、東京海上などが大株主となり、明治火災保険が設立。一八九三（明治二六）年には、一挙に三つの海上保険会社、すなわち大阪の実業家によって設立された日本海陸保険と大阪保険、安田財閥系の帝国海上保険が誕生した。日本海陸保険と帝国海上保険は東京海上の定めた料金から何割かの値引きをして契約にこぎつけていたため、東京海上は創業以来はじめて国内での競争を強いられることになったのである。

「損害保険業界の父」各務鎌吉の活躍

一八九一年、後に東京海上の「中興の祖」と呼ばれる各務鎌吉《かがみけんきち》が入社する。海外営業の大赤字と国内での競争を強いられていた東京海上は、一八九四年、危機を回避するための得策を持ち帰るべく、入社四年目の各務を英国へ派遣した。これが後に同社の大きな分岐点になることをこのとき誰が想像しただろうか。各務は英国での足かけ五年間に、大赤字の原因を突きとめて、それを解決するばかりか、近代的保険会社の経営者として育っていくのである。

各務の英国派遣とほぼ同時期に平生釟三郎《ひらおはちさぶろう》が入社。以後、二人は英国と日本で、両輪となって会社の再建に奮闘していく。平生は各務より二歳年上で、前職は県立高校の校長という異色の経歴の持ち主だった。一方、各務は東京高等商業学校（現一橋大学）を主席で卒業し、卓越した英語力を買われて入社した俊才である。二六歳の若者を海千山千の業者が集まる保険の本場・英国へ派遣するのは余りにも重責と思われるが、渋沢が提案し、三菱を代表して荘田平五郎《しょうだ》が賛成、支配人の益田もこれを支持した。荘田は三菱合資支配人、日本郵船支配人、後に東京海上火災保険四代目会長など三菱グループの要職を歴任して「三菱の大番頭」と呼ばれる人物である。

さて、ロンドンに到着した各務はリバプール代理店の調査からはじめた。自社の再建案をまとめるために五年間もの契約にかかわる書類に目を通し、保険業務の研究を続けた。そのときの様子を各務は次のように書き残している。

「船舶においてはまず引き受けたる船を写し取り、いちいちロイド船名簿によりて船齢、製造所、船主、トン数そのほか必要なる項目を一切摘記し、毎夜九時頃まで事務所にありて研究に没頭した。さらに退社のときはこれを下宿に持ち帰り、種々の角度より成績を算出した」。

ロンドン支店にて。前列左端が平生、前列中央が各務

各務は、関係帳簿類をすべてあらゆる角度から綿密にチェックした。そこで見えてきたのが「現計計算」の落とし穴である。これは前述したように、単年度の収入保険料から保険金、事業費を差し引いた残りを収益と見なす収支計算の方法だ。そもそも保険は一定期間を対象とするもので、事故発生による保険金支払い請求が、翌年あるいはそれ以降になることもあり得る。現計計算では、

そのときの資金がまったく用意されていないことになるのだ。この問題は、支払いが発生した段階でしか明らかにならない。視点を変えれば、創業当初から東京海上が潜在的に抱えていた保険経理の欠陥が、ここに至って大きな傷口となって顕在化したのである。

さらに、問題はそれだけではなかった。英国の代理店が多額の手数料収入を得ようとして、リスクを考えずに物件を集めたことが契約急増の要因となっていたこともわかってきたのだ。次に各務はアンダーライターの研究を開始した。この研究に一年余りを費やした後、各務は自社の赤字の原因を解明していく。

一八九六（明治二九）年、各務は「英国代理店営業報告および意見書」を東京の本社に送った。ロンドンに赴任してから一年八カ月目のことであった。その内容は、ロンドン市場の実態を詳しく述べた後、具体的な再建案を提案している。

それは、リバプールとグラスゴーの代理店の解約、ロンドンの代理業を統括していたアンダーライターの解雇、ロンドン支店の開設と日本人社員の増員、現計計算から年度別計算への移行などであり、本社は各務の案をほぼ採用した。

さらに各務は、一八九九（明治三二）年に貨物保険の包括再保険契約（カーゴ・カバー）をロンドンの再保険業者との間で成立させた。再保険とは、保険会社が引き受けた保険に、さらに別の保険会社の保険をかけることでリスクの分散を図るものである。このとき、代理店を委託したウィリス・フェーバー商会は英国でも最上級の海上保険ブローカーだ。各務はこうしたルートをひとりで開拓し、現地での信頼関係を築いてきたのである。同年、各務自身がロンドン総代理店となり、英国での代理店営業に端を発した経営危機は収束に向かっていった。

翌一九〇〇（明治三三）年、各務は船舶保険についてもロンドンでの包括再保険契約（ハル・カバー）を成立させた。東京海上はこれら二つの再保険の存在により、安定的な保険担保の提供を継続することができ、とりわけ大口の契約を容易に引き受けられるようになった。これにより、わが国海運界に寄与すると同時に、東京海上は船舶保険のほぼすべての契約を獲得し、多くの利益を収めたのである。

経済成長をもたらした日露戦争

各務が英国で孤軍奮闘している頃、日本でも社業の改革が緊急の課題となっていた。益田が支配人を辞し、「三菱の大番頭」荘田平五郎が会長に就任した。三菱は大株主の立場から、ただ指をくわえて見ているわけにはいかなかったのだろう。荘田は平生、各務の助力を得て大胆な改革を断行した。荘田は三菱商会東京本店勤務時代に「三菱汽船会社規則」を策定している。経理規程ともいうべき「郵便汽船三菱会社簿記法」をまとめたのも荘田だった。これにより三菱は、江戸時代から続いていた和式会計法である「大福帳式簿記」を脱し、財産と損益の状態を把握できる簿記の記載法「複式簿記」を日本ではじめて採用。荘田は欧米の企業が採用している複式簿記を導入することで、経営の近代化を推進したのである。その後、主に経営戦略を担い、近代的な経営組織を確立した人物であった。

一八九六年、東京海上は国内最初の支店として大阪支店を開設。翌一八九七（明治三〇）年には、資本金を三〇〇万円に増資し、政府から二五万円の交付金を得て半額減資を実行することで、かろうじて損失は処理された。つまり、英国での損失が大きい東京海上の破産を心配した政府が救済策として特別に交付金を支給したことで、損失の処理ができたのである。こうして大きな病巣のようになっていた現計計算から、本来あるべき姿の年度別計算への移行は達成された。

また同年、後に三菱合資が海上保険をはじめる発端となる、こんな事件が起こっている。三菱合資の船が石炭輸送の保険引受を東京海上に拒絶されたのだ。三菱にしてみれば「東京海上の筆頭株主になっている三菱合資の保険を断るとはけしからん」という気持ちであろうし、東京海上の担当者からすれば、ただ引受成績不良などの実務上の理由で引受を断ったのであろう。これを機に三菱合資は自社による損害保険の導入を検討するようになるのである。なお、翌年の一八九八（明治三一）年には、旧日動火災の前身となる東京物品火災保険が設立されている。

一九〇〇年に経営刷新が行われた。ロンドンから帰国した各務が東京本社の営業部長に、平生が大阪・神戸両支店の支店長に抜擢された。英国での営業が整理され、保険契約高、保険料収入はいったん減少するが、一九〇三（明治三六）年からはっきり上昇気流に乗り、一九〇八（明治四一）年には保険料収入は経営刷新時の三倍にまで伸びている。各務と平生が経営のリーダーシップを握り、力を合わせて社業回復に努めた結果だ。だが、業績回復の要因はそればかりではない。二〇世紀を迎えた東京海上に、一気に経営基盤を確立する転機をもたらしたのが日露戦争（一九〇四～一九〇五年）の勃発だった。

それ以前から造船業、海運業などの産業が成長し海上保険業のビジネスチャンスは広がっていたが、開戦によりその機会がぐっと拡大したのだ。国民にとって戦争は好ましくないことだろうが、損保業界にとって、戦争の勃発はリスクの上昇を招き、保険料は急騰、契約件数も増加する。香港航路などは開戦前の二七倍近くに高騰したという。リスク上昇は、同時に保険金支払いの増加につながるため、保険会社にとっても「諸刃の剣」だ。しかし、幸いなことに東京海上では、保険料収入が急増した。その背景には、三井物産を代理店としていたことで世界情勢をある程度正確に把握できていたことと、ロンドン市場との包括再保険契約の存在があった。

日本の経済界も日露戦争をきっかけに急テンポに拡大する。国内では事業部の分社化や系列会社への投資が活発となり、財閥が形成されていった。工業の発展と貿易の伸びは、海運業をめざましく発展させ、海上保険の繁栄をもたらした。産業界にプラスの循環が生まれ、いわゆる「グッドスパイラル」が訪れたのである。政府は海運会社に対して、国内での造船や海外からの船舶輸入に補助金を交付する航海奨励法と特定航路助成制度を設けて援助した。

「ノンマリン」分野への進出と明治火災の吸収

一九〇六（明治三九）年、東京海上は増資を実行し、資本金はふたたび三〇〇万円になった。積立金（資本準備金）は世界一流の水準になり、利益も大きくなった。大株主の顔ぶれは一変し、三菱、三井関係者が目立つ反面、華族グループは大きく後退。各務と平生も株主となった。末延道成《すえのぶみちなり》会長時代の一九一一（明治四四）年、米国のアップルトン・コックス社に総代理店を委嘱し、米国における海上保険営業を開始する。

国内でも大きな変革が進められた。一九一四（大正三）年、東京海上は定款を変更し、海上保険ではない「ノンマリン」と称される火災保険、運送保険、自動車保険へ進出。世界有数の海上保険会社と肩を並べるほどの財務内容となり、他の保険分野へ手を伸ばす余裕が生まれたのだ。このうち自動車保険は、わが国最初の分野だが、当時の国内での自動車保有台数はわずか約一〇〇〇台で、主たる狙いは米国市場への進出にあった。国内での当面の目標は、火災保険の拡大だった。

東京海上が火災保険分野に進出する前は、一八九一年創業の明治火災が三菱系企業の火災保険をほぼ独占していた。契約高では一八八七（明治二〇）年創業の東京火災（後の安田火災海上、現在の損保ジャパン日本興亜）が、収益性では明治火災がトップだった。正に過当競争の真っただなかにあった。東京海上と明治火災は、両社とも、岩崎久彌が筆頭株主であるという点から、三菱系会社という色合いが強く、末延道成と荘田平五郎らも両社の役員を兼ねていた。

しかし、明治火災の経営陣は東京海上を競合と位置づけた。東京海上が三菱系企業の火災保険契約に割り込んでいくと、明治火災は岩崎久彌が社長を務める三菱合資に東京海上との関係調停を申し出た。「東京海上が火災保険に進出するなら再保険を受けられるのがよろしかろう」といった内容の申し入れだった。

東京海上の各務、平生ら幹部はこれを拒否した。日本最大の総合損害保険会社を目指して火災保険へ進出したのである。再保険のみに甘んじることは当初の目的からいっても受け入れられるはずはなかった。末延や荘田ら三菱系の幹部としても、火災保険分野で同じ三菱系会社が競合する状況は好ましくないと考えた。

一九一五（大正四）年、東京海上は資本金を四〇〇万円からさらに一五〇〇万円に大増資した。そして新株と明治火災株を交換し、明治火災の発行株式の九〇％超を取得し、同社を傘下に収める。明治火災の首脳人事にも大きな影響を与えた。創業者の阿部泰蔵は会長を辞任し、末延が会長を兼任。各務（総支配人）と平生（阪神支店長）が顧問および相談役に就任する。各務は二年後の一九一七（大正六）年に同社の専務取締役を兼任し、名実ともに最高責任者となっている。その一方で三菱合資は一九一二（大正元）年、庶務部に保険課を設置し、一九一三（大正二）年から自社で保険業務を再開したため、東京海上との保険契約は相次いで解約された。その後、第一次大戦中の保険需要を追い風にして三菱海上の設立へと向かっていく。

大正海上、三菱海上設立の影響

第一次世界大戦（一九一四～一九一八年）は、わが国の損害保険業、とりわけ海上保険躍進の一大契機となった。東京海上が業容を拡大し、「世界のTOKIO MARINE」としての名声と実力を不動にしたのも、この時期であった。開戦年と終戦年の収入保険料を比較すると一〇倍という驚異的な伸びを示している。

一九一七年四月、業績アップに貢献した各務と平生はともに専務に就任。翌一九一八（大正七）年四月、社名を東京海上保険から東京海上火災保険に商号変更した。米国で火災保険業務をはじめるには、社名に「Ｆｉｒｅ」の文字が入らないと不便があったからだ。

同年、三井物産が自社の損害保険部門を発展させ、大正海上（三井住友海上の前身）を設立。これに対抗意識を刺激された三菱も、自社の保険事業を独立させるかたちで新たな損害保険会社の設立を検討した。第一次世界大戦による需要増大を機に、三菱と三井は名実ともに日本を代表する財閥に成長。三菱では世代交代が起こり、一九一六（大正五）年、三代目社長の岩崎久彌の後任に岩崎小彌太が選ばれた。小彌太は二代目社長である彌之助の長男で、久彌のいとこにあたる。小彌太は一九一七年頃から、三菱造船、三菱製鉄、三菱倉庫、三菱商事、そして三菱銀行など各事業部を独立させ、三菱合資はそれらの事業会社の持株会社となった。

さて、そうなると保険業法の規定で三菱合資は、これら別会社として独立させたグループ会社の保険を引き受けることができない。そこで、三菱グループは独自の保険会社を新設するほうが効率的と判断したのである。岩崎の決意は固かった。

これに対し東京海上は「創業以来、三菱とは資本的にも人事的にも関係が深い。東京海上は三菱系の保険会社と目され、事実そうであった。したがってこれと別に三菱が保険会社を新設する必要はない」と主張した。これに対して岩崎は「損失をこうむってまで東京海上と取引しようとは思わない」と答えた。三菱と東京海上の折衝が続いた結果、三菱海上がこれまでの自家保険の分と東京海上からの再保険を契約することに業務の範囲を限定すること、設立発起人に各務鎌吉を加えること、三菱海上の資本金の四分の一を東京海上が出資することなどで妥協が成立した。

こうして一九一九（大正八）年、三菱海上火災保険が創業した。各務は同社の取締役となり、大株主のひとりに名を連ねた。後年、各務は岩崎小彌太に懇願されて日本郵船社長にもなり、三菱財閥系企業の要職を歴任した。

三菱海上の設立は、三菱合資の保険事業の実質的な独立を意味していた。大正海上の母体は三井物産、三菱海上の母体は三菱合資。いずれも東京海上の重要な顧客であったため、両社の設立は東京海上にとって脅威となった。それは三菱系企業の火災保険を扱ってきた明治火災にも大きな影響を与えた。

三井物産は東京海上創業時から東京海上の代理店として保険業務を行ってきたため、保険業務を習得した社員が育っていた。そして、船主や荷主など顧客も国際的な広がりを持つようになり、さらに第一次世界大戦で保険の需要が急増した。

このような背景があったからこそ、三井物産は大正海上を設立したのである。東京海上にとって三井物産は四〇年以上にわたる営業のパートナーであり、同時に得意先でもあった。これを失うことは今後の事業計画にも響いてくる。一方、大正海上にとっても東京海上をライバルでなく、協力を仰いだほうが得策だと判断したようだ。そこで東京海上専務の平生に経営陣として加わるよう要請した。

東京海上からすれば、三井物産には創業以来の恩がある。アンチ東京海上派の人物が経営者になるのは好ましくないと判断した平生は各務に相談した結果、東京海上と大正海上両社の専務取締役を兼任することにした。ただし大正海上専務の任期は三年以内と限定したうえで、全体の指揮をとった。

ここで平生の経営観を物語るエピソードを紹介しておこう。当時、保険業界では得意先を接待する営業（ご馳走政策）が盛んに行われていたが、平生はこれを廃止したのである。東京より激烈だった大阪・神戸両支店の支店長として大きな業績を挙げた平生ではあったが、第一線のセールスマンのなかから接待廃止を非難する声も上がった。そのとき、平生は次のように反論し、部下を説得したという。

「一般のビジネスならば、物品を販売したり、工事を請負ったりするのに利益の一部をさいて、ご馳走やリベートに回すのは、さほど不都合ではないかもしれない。予想される利益の幅が、だいたいわかっているからだ。しかし海上保険の場合は、それと事情がまったく異なる。収支の結果がわかるのは、ずっと後日になる。利益の幅が予測どおりにいかないビジネスだ。ご馳走やリベートをやるくらいなら、保険料を安くすることが真のサービスではないか」。

実際、実利を重んじ、合理的な考えに徹する関西の得意先に、平生のこの英断は好意的に受け入れられた。また平生は、東京海上と大正海上両社の専務取締役を兼任しながら、甲南中学校や旧制甲南高校（現甲南大学）の設立にかかわった後、川崎造船所（現川崎重工業）の社長に就任する。

一方、各務は一九二二（大正一一）年、明治火災保険の三代目会長に就任し、一九二五（大正一四）年には、三菱海上火災保険の三代目会長に就任する。さらには同年、東京海上火災保険の会長にも就任し、三社の会長を兼任することとなった。

歴史に残る関東大震災での対応

一九二三（大正一二）年九月一日、相模湾西北部を震源地とする大地震が首都を襲った。「関東大震災」だ。

この震災で日本は一〇万人余りの人命と約一〇〇億円（現在の価値で約一六兆二五〇〇億円）の財貨を失った。火災保険に加入している動産、不動産も大きな被害を受けた。国内の火災保険会社三六社の被災契約高は一五億八七〇〇万円、国外の会社のそれが三億円である。

首都圏を壊滅させた関東大震災直後の様子

ところが、火災保険には地震などの天災に対して免責条項があり、保険金を支払うべき責任を免除されていたため、火災保険問題は重大な社会・政治問題へと発展していった。当時の首相、山本権兵衛が「例えば保険会社の如きは其の性質上、社会公衆の安固を目的とするものなるを以て、此重大なる事変に顧み、幾十万の信頼に背かざるよう犠牲の精神を発揮して慎重の考慮を尽し、当業者終局の利益を期すべき」という政府の公式態度を明確にしたことを機に、被保険者の間から「保険金請求は正当な権利だ」という声が上がり、請求運動は日ごとに激しさを増していった。学者や弁護士団体も「支払いの義務がある」と主張した。官民挙げての情勢は保険業界にとって不利な方向へ傾いていった。各務を会長とする大日本連合火災保険協会は対策を協議した。被災地である関東と、被災を受けなかった関西の保険会社では、あるいは会社の大小によっても対応は異なってくる。各務の手腕にかかった。

一〇月下旬、ひとつの方向がまとまった。保険金の最高一割を見舞金の名目で被保険者に支払う。しかし、この一割の支払いでも破産する保険会社が出てくるので、見舞金の原資は政府が長期低利で融資するという内容だ。保険業のルールを超えた社会問題であるため、政府の財政による援助は当然の要求だった。これは日本の損保史上、画期的な判断であった。

最終的には、七一四二万円の見舞金が被契約者に支払われた。東京海上ほか四社だけが政府に援助金を求めず自力で見舞金を交付した。また東京海上は、小口、大口の別なく、すべての被災契約者に一律一〇%、三〇八万円の見舞金を支払った。

さて、関東大震災からの復興が顕著になった一九三三(昭和八)年、東京海上と三菱合資の資本交流が決定し、東京海上グループの輪郭が明確になった。東京海上は増資した新株を三菱合資に割り当て、その対価として三菱合資より三菱海上株を受け取った。こうして三菱海上は資本的に東京海上の支配会社となった。その一方で、東京海上の株式の約三〇％が三菱銀行と三菱合資に保有される関係となり、東京海上は名実ともに三菱系企業となった。

太平洋戦争を境に激変

一九二七（昭和二）年三月、震災手形に端を発した金融恐慌が起こり、一九二九（昭和四）年秋のニューヨーク・ウォール街での大暴落により、世界恐慌に発展した。日本もその渦中に巻き込まれ、株式、物価が暴落。この時期は巨額の資金量と強力な企業グループを持つ財閥系企業だけが営業を拡大することができた。

世界恐慌の影響により欧米先進国の経済の低迷が長引くなか、東京海上も大きな変化を迎える。一九三九（昭和一四）年、東京海上を「世界の TOKIO MARINE」に引き上げた各務鎌吉が、東京海上、三菱合資、明治火災の三社の会長のまま死去。各務の死去後、東京海上ら三社は社長制を採用することにし、東京海上の社長には鈴木祥枝《さかえ》が就任した。

一九四一（昭和一六）年一二月八日、太平洋戦争が開戦。政府は戦争保険臨時措

置法を公布した。損失が生じたときは政府が補償し、利益が生じたときは政府に納める制度だ。内地空襲がはじまるにつれ戦争保険の申し込みは増えていった。また、政府による企業整備統合が強力にすすめられた。

一九四四（昭和一九）年、東京海上、三菱海上、明治火災の三社はいったん解散し、東京海上が二社を吸収する形で再出発した。新会社の会長には旧東京海上社長の鈴木が、社長には旧三菱海上社長の亀山俊蔵がそれぞれ就任した。これは業界でも最大規模の合併だったが、興味深いのは、合併会社にありがちな派閥抗争がまったくなかったことだ。その理由は、各務が早くから旧三社の会長を兼務し、各務流経営と社員教育を徹底していたからである。トップが同じであれば社風が似てくるのは当然のこと。そういった意味でも、理想的な合併であった。

一九四五（昭和二〇）年八月一五日、日本は終戦を迎えた。終戦年の生産水準は戦前の二割にも達しない状態となり、インフレがはじまった。一個七五銭の石けんがヤミ値で五円もした。生産設備は休止状態で、世の中は保険どころではなかった。必然的に損害保険業界は終戦の日から窮地に立たされた。東京海上も終戦による海外資産没収による損失、本店ビルの接収、証券保有制限令による株式処分などにより深刻な影響を受け、一からの再出発となった。

損害保険の主流は戦時中から火災保険に移っていた。六四〇万トン以上もあった船舶の取扱いが終戦直前には一五〇万トンにまで減っていたため、民間の輸出入貨物はゼロに近い状態になり、英国に頼っていた海外の保険契約は当然のことながらゼロとなっていた。これでは火災保険に力を入れるしかない。海上保険の王者である東京海上ですら、終戦年の保険料収入は、海上三割、火災七割の比率になっている。

戦時中、保険会社も代理店もリスクには鈍感になっていた。損害保険は事実上国営となり、民間は国営保険の下請けのようなかたちになってしまっていたからだ。国家が全部再保険の面倒をみるという状態では、自然とリスクに対して甘くなる。この習慣が戦後の混乱期に残った。

また、火災保険損害率も空前の高率を示すようになった。戦前の平均が三五・七%であったのに比べて、一九四六（昭和二一）年には五三・二%と急増している。当時の損保全体の事業成績と資産内容をみると、正味収入保険料が戦時中に比べて三分の一に激減している。さらに、資産面では戦時補償の打ち切りで有価証券の減価や在外資産の切り捨てなどによって多額の評価損が計上された。利子配当収入は戦前の一〇分の一〜三〇分の一にまで減り、そのうえ払込資本金の二倍近くにおよぶ損失が出る始末だった。代理店からの未収保険料が全体の四〇%以上という惨状である。しかも一九四六年は地方で大火が相次いだ。

そこで、大蔵省と損保業界は日本銀行と交渉し、ようやく市中銀行からの緊急融資を取りつけた。その担保にする国債を他の保険会社から借りる会社もあった。

この危機は二度にわたる料率引上げで救われた。どちらも一九四七（昭和二二）年の一年間に実施され、戦後の損保業界再建の足がかりになった。以後、都市の防火設備が整い、危険が少なくなるにつれて、料率引下げ時代に入る。

連合国最高司令官総司令部（ＧＨＱ）による独占禁止法も損保業界に大きな影響を与えた。自由競争を促進する自由料率の利点は、価格メカニズムが発揮できることだ。しかし、その一方で強力な上位会社がマーケットシェアを広げ、寡占をもたらすこともあり得る。また、料率の自由化が過当競争を促し、経営が悪化して保険金の支払いができなくなる損保会社も生まれるだろう。一社であろうと損保会社の信用が失墜すれば、損害保険制度全体の信用もなくなる。会社の信用が軸となって、保険制度というものが成り立っている以上、一社の倒産はその会社の顧客に迷惑をおよぼすだけでなく、保険制度全体の存続にかかわってくる。損保業界と政府は、こういった負の連鎖があることをＧＨＱに主張した。

ＧＨＱ、政府、損保業界の折衝が続けられ、保険会社と切り離した料率算出団体をつくることで三者の意見がまとまった。一九四八（昭和二三）年、「損害保険料率算出団体に関する法律（料率算出団体法）」が公布され、損害保険業界は独禁法の適用から除外されることが決定。同年、損害保険料算定会が設立され、業務を開始。まず過去のデータをもとに損害率をはじきだし、これに会社の経費率を加えて公正・妥当な保険料率を算出する。これを大蔵大臣に提示して認可を求める。大蔵省はその当否を厳しく検討し、認可が下りると各社はこの料率を守る。このような仕組みである。だが、順守義務はなかったため、各社の保険料率はまちまちであった。

一九五一（昭和二六）年に料率算出団体法が改正され、各社の順守義務が決まり、すべての損保会社の保険料が一律になった。このとき決まった料率方式は一九九八（平成一〇）年の「価格の自由化」まで損保業界で用いられた。ただし、自由化以降も、自賠責保険と地震保険の保険料は「損害保険料率算出団体に関する法律」にもとづき、損害保険料率算出機構が算定した料率を各保険会社が使用している。

ＧＨＱによる公職追放も東京海上に影響をおよぼした。名実ともに損保業界のリーダーである東京海上では、会長の亀山俊蔵、社長の谷井一作ら六名が退任し、戦時中から戦後にかけての再起、復興の大切な時期に多数のリーダーを一挙に失った。

一九四七年、常務の田中徳次郎が第三代社長に就任した。その後、GHQの財閥解体により、三菱、三井、住友、安田の四大財閥が解体の指令を受け、続いて古河や日産、大倉などにも矛先が向けられた。三井物産や三菱商事、日本製鉄などは分割再編成されたが、東京海上は分割の指定からはずれた。

分割の指定を受けず結束力を強めた東京海上は、時代の大波をもろにかぶりつつも、どこよりも早く再興していく。その支えになったのが「世界のTOKIO MARINE」という信用と優秀な人材だった。損保事業は、もともと「信用」と「人材」が財産である。東京海上には、それらが備わっていた。

一九四八年度には収支が黒字に転じ、翌一九四九（昭和二四）年度には配当を回復する。東京海上が戦後に比較的順調な再スタートを切ることができた背景には、一九四四（昭和一九）年に三菱海上、明治火災二社と合併したことも挙げられるだろう。戦時中は船舶保険の市場が縮小し、火災保険の比重が増した。火災保険で実績のある明治火災との合併が結果として功を奏したのであった。

それでも、東京海上の売上が戦前の水準へ戻るには、海外取引の再開が不可欠であった。一九四九年、一ドル＝三六〇円の為替レートが決定し、海外との為替取引が自由になる。これを機に翌一九五〇（昭和二五）年、英国のウィリス・フェーバー・デュマ社やウィリス・フェーバー・パートナーズ社を介して、ロンドン市場との取引を再開。これは東京海上が国内で引き受けた貨物海上、火災保険のうち金額の大きいものについて、ロンドンの一流会社が継続的に再保険に応じるというものだ。また一九五二（昭和二七）年、海外元受営業が再開された。元受営業とは、保険会社が保険契約者からその契約を営業段階で直接に引き受けているものを指す。

同年、海外派遣制度も復活。戦前、旧東京海上では各務の発案で、毎年、数名の社員が海外の保険事業の研究で英国など海外へ派遣されていた。東京海上にとっては人材育成と関係先との人間的なつながりを築くために重要な先行投資だが、日本の損害保険業界の発展にもおおいに寄与してきた。東京海上のこういった取り組みが、戦後の日本の損保制度の改善と前進につながっていくのである。

高度経済成長で自動車保険が飛躍的に増加

「もはや戦後ではない」と書いたのは、一九五六（昭和三一）年度『経済白書』だ。日本は一九五五（昭和三〇）年、GATT（貿易および関税に関する一般協定）に加入し、国際経済化のスタートを切った。後に「神武景気」と呼ばれる大型景気もはじまっていた。翌一九五六年、日本は国際連合に加盟。一九三三年に国際連盟を脱退してから、第二次世界大戦を挟んで二十数年ぶりに国際社会への復帰を果たしたのである。さらに同年、米国でアップルトン・コックス社中心につくられた再保険プールへの参加が実現し、東京海上の海外での元受営業は本格化する。これを機に、英国・オランダやシンガポール、カナダでも開業が開始され、海外営業ネットワークは飛躍的に拡大した。

一九五七（昭和三二）年六月、東京海上の戦後復興に尽くした田中徳次郎が社長を退任して会長となり、代わって常務取締役の高木幹夫が社長に就任。翌一九五八（昭和三三）～一九六一（昭和三六）年までの三年間は、「岩戸景気」と呼ばれる好景気が続いた。一九六〇（昭和三五）年には、池田勇人内閣の下で策定された長期経済計画「所得倍増計画」がスタートし、世界的にも「奇跡」と称される高度経済成長がはじまっていた。高木が社長を務めた一九六六（昭和四一）年六月までの九年間、損害保険は大衆化の方向へ向かった。

高度成長期に伸長した保険種目としては、まず自動車保険が挙げられる。この時期に日本の自動車保有台数は飛躍的に増え、高度成長期の入口である一九五五年には一五〇万台を超えた。それにともない交通事故が増加し、自動車保険の収入も急増する。当時、東京海上の保険料全体に占める自動車保険の比率は一〇％に満たなかったが、わずか一〇年余り後の六〇年代後半には、収入保険料の種目別構成比で自動車保険がトップに躍り出たのである。

自動車による人身事故の増加にともない、事故被害者を救済する強制保険制度が必要となっていた。一九五五年、交通事故による被害者を救済するための法律「自動車損害賠償保障法」が施行。これにもとづき、すべての自動車に自動車損害賠償保険（自賠責保険）の加入が義務づけられた。東京海上も同年、自賠責保険の営業を開始。料率は非営利的料率（ノーロス・ノープロフィットの原則）を適用することとなり、国が危険保険料の六〇％を再保険で引き受ける措置が取られた。自賠責保険には非営利的料率があるため、契約の獲得が損保会社に大きな収益をもたらすわけではないが、強制保険であるためその規模は大きい。東京海上は自賠責保険の契約数を伸ばし、自動車保険の契約を得るための足がかりとしたのである。

火災保険分野での大きな変化

高度経済成長時代は、火災保険も大きな変化を遂げていく。第一の変化は、保険料の引下げである。一九四八年の料率改定時をピークとし、以後は引下げの歴史といってよいだろう。一九七三（昭和四八）年までの約二五年間に、一九四八年を一〇〇として住宅火災の料率は一七、工場火災のそれは一二まで下がっている。約七分の一まで引下げられたのは、社会情勢の安定、団地など耐火建築の増加、消防システムの整備・強化などによって、火災事故が減ったためである。

第二の変化は、担保の範囲を次々と広げたことだ。一九五〇年代半ばに入ると工場やオフィス、住宅が火災以外の様々なリスクにさらされていることが認識されていった。東京海上は一九五六年、工場物件に対して風水災特約をつけて売り出し、他社もこれに続いた。一九五九（昭和三四）年、工場物件に巨額な損害を与えた伊勢湾台風では、東京海上の風水災特約にもとづく保険金支払いだけで六億七〇〇〇万円もあった。担保の範囲を拡張することは企業にとってリスキーである。しかし、社会のニーズを読み取り、どこよりも早く新商品を提供するリーディング・カンパニーとしての当然の使命ともいえた。

火災保険以外では、貨物保険と航空保険も大きな成長期にあった。一九五〇年に民間貿易が再開されて以来、東京海上の貨物保険収入は順調に伸び続けた。一九六〇年の対前年増加率は二五％前後、一九六八（昭和四三）〜一九七〇（昭和四五）年頃には二二〜二四％という好調さである。

民間航空会社の発足により航空保険も引受体制が整備された。日本航空をはじめ、主要航空会社に関しては東京海上が幹事となって引き受けてきたが、航空事業の発展につれ、一九六〇年代には航空保険営業も軌道に乗った。一九六〇年に日本航空がはじめて飛ばしたジェット機ダグラスDC－8をはじめ、一九六二（昭和三七）年には初の国産機YS－11の保険も引き受けた。東京海上の航空保険の元受保険収入は、一九六五（昭和四〇）年度に六億七八〇〇万円だったが、一九七五（昭和五〇）年度には三〇億八〇〇〇万円に増加する。

損害保険の「大衆化路線」と加速する「国際化路線」

一九六〇年代以降、自動車保険や積立型保険をはじめとする家計保険の比重が増していく。この流れを受けて各保険会社は家計保険部門の強化を図っていった。これが損害保険の「大衆化路線」と呼ばれる動きだ。

東京海上も家計保険の領域に入り込んでいった。一九六一年に売り出した住宅総合保険は、それまで企業を対象としてきた拡張路線から、家計保険の総合化に大きく踏み出すものであった。火災保険部門での大衆化路線を象徴する最初の商品といってもいいだろう。火災、盗難、自然災害などのリスクを総合的に担保するワンセット商品は、個々の特約をそれぞれにつけるより保険料が割安で済むというメリットがある。そのため発売以来、人気を呼んだ。

また、事務処理のコンピュータ化に対応する本格的な事務の改善が実施されたほか、営業組織の全国展開を目指し、支店や代理店を増やしていった。こうして内部体制を整備した後、東京海上は大衆化路線を明確に打ち出していく。

一九六六年に地震保険を発売。対象は居住用建物と家財だけに絞られた。また全焼・全壊など「全損のみ」を担保することになった。

一九六九（昭和四四）年には、長期総合保険を発売した。保険期間が一〇年で、保険期間中に何回保険金を支払っても、一回の事故で保険金額の八〇％以上の支払いがない限り、満期を迎えると満期払戻金がある。これには「掛け捨て」を好まない顧客を引き寄せた。

一九七〇年、自動車保険契約の急増にともない、自動車損害担当者が常駐する自動車損害サービスセンター（当時の名称は「自動車査定センター」）を埼玉県大宮市と福岡県北九州市に開設し、保険契約者との接点を強化した。自動車損害サービスセンターはその後、全国で展開していった。

この頃、日本はＧＮＰ（国民総生産）の規模で米国に次いで世界第二位の経済大国になった。戦後の焼け野原から、わずか二十数年で経済先進国の仲間入りを果たしたのである。日本経済同様、めざましい復活を遂げ、大きな飛躍を果たした東京海上にとっての一九七〇年代は、ノンマリン部門が保険取引の中心になる時期である。

一九七二（昭和四七）年、東京海上第六代社長に就任した菊池稔は全従業員に向けて「今後も大衆化路線および国際化路線を推進する」と述べた。国際化路線はそれ以前から進められていたが、この時代により加速度がついたといえよう。

菊池は戦後に復活した海外派遣制度でニューヨークに赴いた経験があり、回顧録で次のように綴っている。

「日本になかった保険で興味深かったのは利益保険。火災で工場が一カ月休業した。その間、収入はないのに従業員のペイとか光熱費などの支出はある。同時に、過去実績からみた期待利益も含めて補償する保険だ。これはぜひ日本でも考えねばならない保険だと思い、現場についていって損害査定の方法、合計処理の問題など、いろいろなケースを勉強したし、過去の事例をノートに仕込んだ」。

このエピソードからも、若手社員による海外での新たな知識の吸収が東京海上にどれほど還元されていったのかが想像できる。

国際化路線に話を戻そう。東京海上は一九七〇年、英国にトウキョウ・マリンU

1974年に竣工した東京海上日動ビル本館

Kを設立し、その経営をウィリス社に委託した。国際保険市場の中心地に、既存の代理店とは別に東京海上の分身を設け、世界各国から流入するリスクを積極的に引き受けていこうという構想を実行したのである。

一九七二年には、ブラジルの中堅優良保険会社であるバレジスタス社を買収。翌一九七三年に同社とブラジル支店を合併して、アメリカ・ラチーナ保険会社を発足させた。

一九七四（昭和四九）年、東京都千代田区丸の内に「東京海上ビルディング旧館」の建て替えとして、東京海上本社が入居する高層オフィスビル「東京海上ビルディング本館」（現東京海上日動ビル本館）が完成。建築界の大御所である前川國男が設計したビルは、高層ビルが林立する丸の内にあっても、ひと際目立つ建物となった。

一九七六（昭和五一）年、海外元受保険収入の五〇％以上を挙げてきた米国にトウキョウ・マリン・マネジメントを代理店として設立。これは北米での日系企業の活動が商業中心から製造部門へ移りつつあることに対応したもので、コンチネンタルグループだけに依存している営業体制に限界があると考えられたからである。

　一九七〇年代には、各保険種目のうち家計保険市場を対象とした新商品が続々と登場する。自動車保険では、一九七四年三月に家庭用自動車保険（ＦＡＴ）が発売された。積立型保険では、一九七九（昭和五四）年、後に大ヒット商品となる積立ファミリー交通傷害保険（積ファ）が発売される。積ファは、契約者の家族までを被保険者とし、交通事故、建物火災による傷害を総合的に担保する保険として、八〇年代の業界の競争を代表する商品となる。

1979年に発売された「積立ファミリー交通傷害保険」のパンフレット

　その一方で、日本経済は分岐点を迎えていた。一九七三年一〇月に起こった第四次中東戦争を発端とし、第一次石油危機が発生。

中東の原油に依存するかたちで発展してきた先進国経済は大きな打撃を受けた。日本の高度成長に急ブレーキがかかったのである。

創業一〇〇年を迎えた東京海上

一九七七（昭和五二）年、社長の菊池稔は過去一〇年間の市場シェア低下を受け、中期経営計画「GoGo作戦」をスタートさせた。一九七九年の東京海上創業一〇〇年に向けた体質強化三カ年計画である。一九七九年度における元受収入保険料五五〇〇億円、市場シェア一％引上げが数値目標として掲げられた。地域営業と家計物件に重点が置かれ、全社的な営業推進が徹底的に行われた。

「GoGo作戦」キャンペーンでの1コマ

一九七〇年代後半には、「マリン」「ノンマリン」間の営業体制の一本化が進められた。大阪、神戸などの支店におけるマリン部門で、取引先に火災保険や自動車保険といったノンマリン種目をひとつの営業課が販売することからはじまり、次第に拡大された。マリン・ノンマリン一本化に代表される総合販売政策は、種目別組織から販売方法別へと転換する営業体制の改革でもあった。

GoGo作戦期間のほぼ半ばである一九七八（昭和五三）年七月、渡辺文夫が社長に就任した。渡辺は、従来からの「大衆化」と「国際化」による拡大路線を基本方針として踏襲しつつ、「顧客第一主義」の追求をスローガンに掲げる。

このような変化のなか、一九七九年八月一日、東京海上は創業一〇〇周年を迎える。GoGo作戦は全社を挙げた営業推進が功を奏し、期待どおりの成果を収めた。一九七九年度には、元受収入保険料（収入積立保険料含む）は目標の五五〇〇億円を上回る五七七四億円に達し、市場シェアも三年間で一・三一ポイント上昇して、一七・二五%となったのである。

GoGo作戦を総括した「GoGo作戦白書」は評価として次の点を挙げている。「顧客営業中心の営業体制の考え方の定着」「長期的戦略思考とマーケットシェア重視の定着」「独立採算の考え方の浸透」「『やればできる』という社員、代理店全体の共感した自信」。しかし、同時に職場によっては異常な残業が日常的に行われるといった「ひずみ」も生まれていた。

渡辺のもと、一九八〇（昭和五五）～一九八四（昭和五九）年の五年間を対象と

「New Step-1計画」のポスター

する「Ｎｅｗ Ｓｔｅｐ－１計画」が遂行された。新世紀・新目標に向けた東京海上の新たな第一歩を表現したもので、「１」には、一九八四年度の収入保険料一兆円、市場シェア一ポイント上昇、世界第一位の損害保険会社、といった具体的な目標が込められていた。そのために重視されたのは販売網の強化であった。

それでも、Ｎｅｗ Ｓｔｅｐ－１計画の収入保険料数値目標は達成されずに終わった。一九八四年度の元受収入保険料は目標の一兆円に大きく届かず、八八五〇億円にとどまったのである。この未達成には、損害保険市場を取り巻く環境悪化に原因の一端があった。具体的には、第二次石油危機を契機とする経済成長の鈍化、為替市場の変動、米国をはじめとする海外市場における損害率の悪化などが挙げられる。

Ｎｅｗ Ｓｔｅｐ－１計画の三年目、一九八二（昭和五七）年度を対象期間として単年度計画ＧＴ（Ｇｅｔ Ｔｏｍｏｒｒｏｗ）運動が行われた。これは現在の会社業務のあり方を徹底的に見直し、改革すべき点は改革することを目的にしたものだ。この背景には、積極的な営業政策の展開に業務効率化が追いついていないというＧｏＧｏ作戦以来の東京海上の体質があった。ＧＴ運動により社員の効率化への意識は向上し、社内業務に要する時間の削減については一定の成果を得た。

バブル経済期下での損害保険業界の拡大競争

一九八〇年代後半の日本では、大型のバブル経済が発生し、損害保険を含め金融取引は急激にふくれあがった。業界の元受正味保険料（積立含む）は、一九八四年度の五兆三八一億円から、一九八九（平成元）年度には八兆五九五八億円と、わずか五年の間に一・七一倍に増加している。バブル経済期における損害保険の拡大は、金融全般の膨張のなかでも伸びがより高いグループに属していた。とりわけ積立型は、信託・生保・株式・投信などの収益性資産とほぼ同様の動きをみせていることから、投資対象として選ばれたことがわかる。一方、積立型保険の販売が伸びた要因には、掛け捨てでない積立型商品のもつ貯蓄機能が、貯蓄好きの日本人に受け入れられやすかったことが挙げられる。

そんな状況のなか、一九八四年、副社長の竹田晴夫が社長に就任。以後一九九〇（平成二）年まで東京海上の舵取りを担った。このうち一九八五（昭和六〇）～一九八九年度の五年度にわたる中期経営計画が「TOPS5カ年計画」だ。竹田は、二一世紀に向けて東京海上が進むべき方向として「総合安心サービス産業」を掲げた。損害保険という本拠を確立したうえで、金融サービス、新保険分野、付加価値サービスを中心とした周辺への進出・強化を図る戦力を選択したのだ。TOPSのネーミングには「三つのトップ」を目指すという意味もあった。すなわち、①地域営業でも業界のリーダーになる、②全種目で他社に圧倒的な差をつけて全種目制覇をゆるぎないものにする、③重点地域の全都道府県のマーケットシェアでトップになる。

TOPS5カ年計画の結果、ノンマリンの市場シェア二%アップは達成できなかったが、元受正味保険料は一兆四九六三億円と目標の一兆五〇〇〇億円をほぼ達成。総資産は、創業一一〇年となる一九八九年度末に、目標の三兆円を大幅に上回って四兆一五五六億円を達成し、総資産で世界最大規模の損害保険会社となった。三つのトップ実現については、全都道府県でトップを取ることはできなかったが、全保険種目および重要視していた地域営業における首位を達成した。

バブル経済の崩壊から長期不況へ

一九九〇年六月、副社長の河野《こうの》俊二が社長に就任し、九〇年代前半は河野が東京海上のリーダーシップを担った。

一九九〇年代に入るとバブル経済が崩壊し、日本経済は一転して深刻な停滞期に突入する。一九八〇年代後半に急拡大した金融業界も奈落の底へ転げ落ちるように苦境に陥った。銀行の経営は、株式の値下がり損、不良債権の増加、土地担保の減価によって悪化した。これに対して東京海上をはじめとする損害保険業界では、バブル崩壊による痛手は相対的に軽かったといえる。それはもともと損害保険が生命保険業や銀行業と比べて、長期性・ストック性が強くないからだが、それでも縮小傾向に転じたマーケットをめぐって各金融業界での競争が激化していくことに間違いはなかった。損害保険業界では、一九九〇年代前半にはまだ市場は拡大するが、そのペースは明らかに減速した。

河野社長時代の前半、一九九〇～一九九二（平成四）年の中期経営計画となったのが「IC－3計画」である。「総合安心サービス産業」に向けた三つの戦略、すべての事業活動の原点となる二つの理念、体質強化に向けた達成すべき三つの重要課題などが示された。これらの戦略が打ち出された背景には、バブル経済が終焉し、ブームにのった拡大指向ができなくなったことがある。また、本格的な自由化が進み、これまでの損害保険業の枠組みそのものが変わるという予測もあったはずだ。

拡張主義的な「総合金融」路線は選ばず、損保本業から第三分野・生保への進出、さらに証券・信託などを展望するという戦略だ。

一九九二年に保険審議会答申で生保・損保相互乗入れ解禁の方針が固まった。東京海上は、その前から生保事業進出を念頭においた具体的検討をはじめていたが、同年より生命保険会社設立に向けた本格的な準備がスタートする。

ＩＣ－３計画に続き、一九九三（平成五）～一九九五（平成七）年の三年間、河野社長時代の後半をカバーする中期経営計画「ＩＣ－95計画」を実施。厳しい自由化競争時代の到来を新たなビジネスチャンスととらえ、二一世紀の東京海上の将来像に向けて三年間に進めるべき実行計画という位置づけである。本計画のスタートと同時に、東京海上としてははじめての「経営理念および経営方針」を創設した。

そんな状況のなか、一九九六（平成八）年に新保険業法が施行された。損害保険に関するもので、重要なものには、保険会社の免許制の規定、生損保の相互参入の規定、料率使用義務の廃止、保険ブローカー制度の導入などがある。保険業法の改正にともなって、損害保険業界は新たな競争時代を迎える。

また、一九九五年一月一七日に発生した阪神・淡路大震災は、損害保険事業の重要性と損保会社の社会的責任を考えさせられるきっかけとなった。大震災では、六四〇〇名を超える死者・行方不明者、六三万棟を超える建物の被害が発生。東京海上の代理店の従業員も被害に遭い、倒壊や震災当日の閉店を余儀なくされた支店や営業所も六カ所にのぼった。東京海上の契約では、一万件を超える保険金支払いが生まれた。被災した会社に営業を継続してもらうにはどうすればよいのか。また、損保会社として被災地の災害復旧活動にどのように取り組めばよいのか。東京海上には、多くの重い教訓が残った。

阪神・淡路大震災後、多くの契約者からの要請にもとづき、損保業界全体で地震保険の見直しが行われた。また、東京海上でも一件あたりの建物の保険金を一〇〇〇万円から五〇〇〇万円に引き上げ、さらに、中途からでも火災保険に地震保険の付帯ができるよう地震保険制度の改定をすすめていった。

二一世紀の東京海上の基盤となる自由化戦略

一九九六年六月、専務の樋口公啓《こうけい》が社長に就任した。樋口は保険自由化という歴史的な構造変化のなかで同社の経営を委ねられたのである。

一九九六～一九九八年度の中期計画は「信頼21計画」と名づけられた。本計画の最大の課題は、「生保参入の成功」と「損保における自由化・国際化対応」の二点

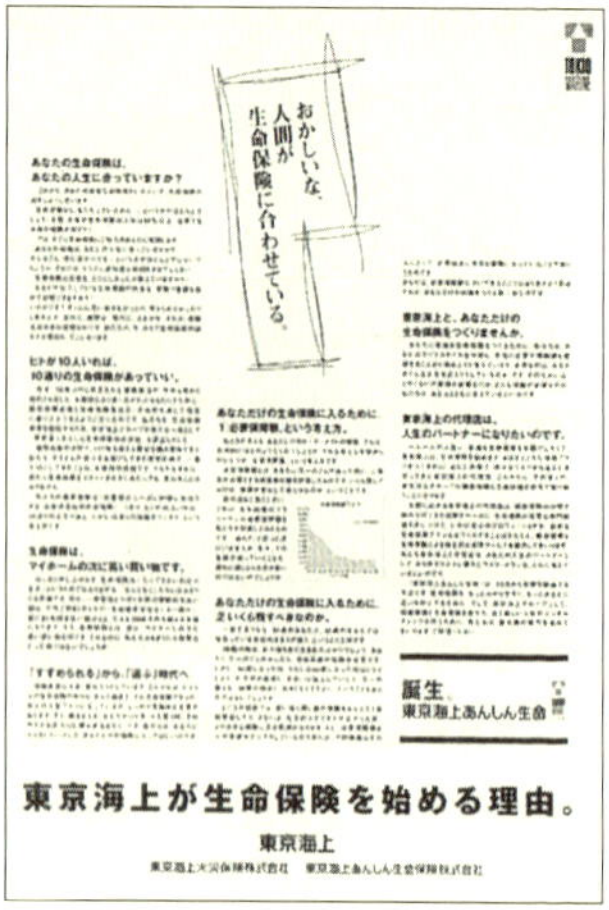

東京海上あんしん生命の告知広告

だ。これらを達成するために、顧客満足度向上の積極的推進、主体的な部店経営の推進と責任の明確化、人材の育成、企業としての社会的責任の発揮など企業として挑む七項目が掲げられた。期間中の東京海上の対前年度実績は、いずれの年においても会社の目標数値を上回った。

一九九六年に設立された東京海上あんしん生命の新規契約件数は、同年度六万一八五三件、一九九七（平成九）年度一一万七八四八件、そして一九九八年度には一四万二一〇三件と順調に増大し、開業三年目にして保有契約件数（個人保険＋個人年金）は三〇万件を突破。これは生命保険業界での最速記録である。

創業一二〇年を迎える一九九九（平成一一）年、新中期経営計画「ビッグチャレンジ2001〜21世紀の新しい風〜」（一九九九〜二〇〇一年）がスタートした。「三年後の二〇〇一（平成一三）年に大きくチャレンジしたい」「二一世紀の東京海上の盤石な基盤を築き上げたい」といった狙いが込められている。具体的に「規模の拡大」については、損害保険では二〇〇一年度の市場シェアを二五%、生命保険では各年度の新規契約伸び率（収入保険料）を一二〇％にするという目標が設定された。「効率化」については、一九九八年に三六・五％だった損保の事業費率を二〇〇一年度に三二％台にすることが定められた。

ビッグチャレンジ2001計画の実績は、損保の正味保険料のチャレンジ目標達成はならず、市場シェア目標値二五％に対して、二〇〇一年度の実績は二〇・五二％にとどまった。ただし、三年間の市場シェア改善幅は一・〇四ポイントで、本中期計画以前の一〇年間通算の改善幅が一・一七％であったことと比較すると、三年間としては大幅な改善であった。事業費率は一・九ポイント改善して三四・六％となったが、目標の三二％台にはおよばなかった。一方、生保では三年間通算の新規契約伸び率目標一七二・八％（毎年二〇％の伸び）に対し、実績は一九九九年度九〇・七％、二〇〇〇（平成一二）年度一四五・七％、二〇〇一年度八一・四％と推移したため、三年間で一〇七・六％にとどまった。

国内初の上場保険持株会社ミレアホールディングスの誕生

この時期、会社経営にも大きな転機が訪れていた。バブル崩壊を受けて弱体化した金融業界で再編成の動きが活発化したのだ。日本火災と興亜火災は合併により日

日動火災社長の樋口冨雄（左）と東京海上社長の石原（右）

本興亜損害保険を設立すると発表。三井海上火災は、住友海上火災との合併を公表した。当時の東京海上の経営陣は、保険業が飛躍を遂げるためには生保・損保が合体して顧客サービスの内容を高めることが必要と考え、大手保険会社、損保会社と接触していた。そのうち朝日生命保険と日動火災海上保険は東京海上が束ねる新グループへの参加に賛同。東京海上、朝日生命、日動火災の三社は、相互会社である朝日生命の株式会社化を前提とし、生損保両事業を本格的に融合した新しい保険グループを結成することとした。

二〇〇一年一月、東京海上は、朝日生命、日動火災と「ミレア保険グループ」を結成。ミレアとは、ミレニアム（千年紀）から着想した名称だ。その先には、持株会社方式による経営統合という青写真が描かれていた。日動火災は自動車・火災保険に強く、また個人を中心とするリテール市場で強みを発揮していた。そこで東京海上は、同社との統合によって大きなシナジー効果が発揮できると考えたのである。

同年六月、専務の石原邦夫が社長に就任。石原は、二〇〇二（平成一四）年度～二〇〇四（平成一六）年度の中期経営計画「ブレイクスルー2003計画」を発進させ、東京海上とミレアグループの将来像を具体的に指し示した。「お客様価値」「株主価値」「代理店・従業員価値」の三つの価値の総和を企業価値とし、その向上を目指した。さらに「企業価値、規模、収益性、成長性、健全性のいずれの尺度においても世界トップクラスを目指す」ことを長期的ゴールと定めた。

翌二〇〇二年、一般・金融事業を傘下にもつ国内初の上場保険持株会社「株式会社ミレアホールディングス」が設立され、東京海上は日動火災とともにその子会社となり、傘下企業はミレアグループとなった。

「超保険」販売当初のパンフレット

石原は、次の戦略として東京海上と日動火災の合併を提示した。その理由を「一点目は、ミレアグループとしてのベクトルの一致。二点目は、売上規模、顧客規模、財務基盤のどれをとっても、圧倒的な優位性を確立すること。三点目は、ミレアグループ全体の価値を一層向上させること」と述べた。

ミレア保険構想は、激動する経済、市場環境のなかで変化を続けた。そして二〇〇三（平成一五）年三月、日新火災海上保険との業務提携および資本提携を開始。同年一〇月に、東京海上あんしん生命と日動生命が合併し、東京海上日動あんしん生命保険が誕生した。

保険の自由化が進み、商品開発の重要性が高まるなか、東京海上は従来の概念にとらわれない画期的な新商品の開発に積極的に取り組んだ。その成果のひとつが、二〇〇二年六月に発売され、後に大ヒット商品となる生命保険・損害保険一体型商品「超保険」だ。しかし、発売当初は超保険の革新的コンセプトは複雑さをもたらし、予定した販売目標は達成できなかった。

東京海上と日動火災が合併し、東京海上日動が誕生

ミレアグループは、その後も傘下の企業を増やしていった。二〇〇四年二月、スカンディア生命（日本法人）を買収し、同年四月に社名を「東京海上日動フィナンシャル生命保険」と変更した。なお東京海上日動フィナンシャル生命は二〇一四（平成二六）年一〇月、東京海上日動あんしん生命に吸収合併された。

東京海上は二〇〇四年四月、二〇〇四～二〇〇五（平成一七）年の中期経営計画「Ｎｅｘｔａｇｅ　２００５－実行－」をスタートさせる。これは半年後に東京海上と日動火災が合併することをふまえ、「Ｎｅｘｔ　Ｓｔａｇｅ（次のステップ）」「Ｎｅｘｔ　Ａｇｅ（次の時代）」という意味を込めた造語に「実行」という言葉を添え、新たな時代を切り開いていくという新会社の決意表明であった。そして同年一〇月、東京海上日動火災保険が誕生。東京海上日動の経営ビジョンは、①最高品質の商品・サービスの提供、②信用力・健全性に裏づけられた安心感の提供、③生損保両事業の本格融合をはじめとしたグループ戦略の推進、この三点に集約できる。

2007年、社長に就任した隅修三（現会長）

商品については、二〇〇四年に積立ホームオーナーズ保険や新積立傷害保険が発売されたほか、同年度には、東京海上日動の賠償責任保険の収入保険料がついに一〇〇〇億円を突破。また二〇〇五年には、三つの補償（相手方の治療費・修理費、自身・家族・搭乗者の治療費、契約者の車の修理費）を盛り込んだ総合自動車保険の「トータルアシスト自動車保険」を発売。以降現在まで続くヒット商品となる。

この時期に発生した「保険金不払い問題」にも触れておこう。

二〇〇五年、大手損保会社に保険金不払い問題が発生し、東京海上日動においても不払いがあることがわかった。その後も第三分野保険での契約の失効や解除による払戻金の不払いが判明した。

この問題を契機に同社では、「お客様の当たり前の期待に当たり前に応える」という欠かすことのできない品質基準を明確にするため、「安心品質」の確立を宣言。信頼回復へ向けた取り組みを展開していく。商品・規定・事務・システム・募集方法・保険金支払いなどの態勢整備が完了した現在でも、「お客様の信頼をあらゆる事業活動の原点」に置き、成長し続けるための競争力の源泉としている。

ミレアホールディングスから東京海上ホールディングスへ

二〇〇八（平成二〇）年七月、持株会社の商号をミレアホールディングスから東京海上ホールディングスへ変更し、グループの呼称も東京海上グループへ改めた。

東京海上グループはこの時期、海外保険事業を加速させる。日本の保険各社は国内市場が人口減少で頭打ちになると予想しており、海外展開を積極化してきた。と

2008年に買収した英国キルン社

りわけ東京海上グループは二〇〇七（平成一九）年以降、M&Aによるグローバル展開を推し進めた。世界トップクラスの保険グループを目指す戦略を実行したのだ。

二〇〇八年、九三〇億円で英国ロイズのキルン社を買収し、ロイズ市場に参入。続いて世界最大の保険市場である米国の優良保険会社フィラデルフィア・コンソリデイティット社を約四七一五億円で買収した。買収金額は、日本の金融機関による外資系企業の買収では過去最大規模であった。

世界の主要な保険市場においても事業を拡大するとともに、今後、大幅な成長が見込まれるインド、中国、ブラジル、東南アジアなど新興国へも本格的な進出を果たし、世界三七の国と地域にネットワークを展開するまでに至った。

中国では、二〇〇八年に東京海上日動火災保険（中国）有限公司の中国現地法人化を実施。二〇一〇（平成二二）年には、東京海上日動火災保険（中国）有限公司広東支店を開業。翌二〇一一（平成二三）年に同江蘇支店を開設した。

さらに二〇一二（平成二四）年五月、米国の生損保兼営保険グループのデルファイ・フィナンシャル・グループ社を二一五〇億円で買収。インドネシアにおける生命保険会社の営業も開始した。

この時期は損害保険業界の再編成が加速し、後に「3メガ損保」と呼ばれる損保グループが誕生していく時期と重なっている。二〇〇八年四月、三井住友海上火災保険が三井住友海上グループホールディングスを設立。翌二〇〇九（平成二一）年、あいおい損害保険、ニッセイ同和損害保険、三井住友海上グループが経営統合に合意。二〇一〇年四月、三井住友海上グループホールディングスがあいおい損害保険とニッセイ同和損害保険を完全子会社化し、MS&ADインシュアランスグループホールディングスに改称した。

3メガ損保のもうひとつのグループも組織づくりを加速。二〇〇九年、損保ジャパンと日本興亜損保が経営統合に合意。翌二〇一〇年四月、両社が経営統合してN

ＫＳＪホールディングスが誕生した。後に傘下に、ＮＫＳＪひまわり生命、損保ジャパンＤＩＹ生命などが加わることになる（二〇一四年九月一日、損保ジャパンと日本興亜損保が合併し、損害保険ジャパン日本興亜が誕生。これを機に、ＮＫＳＪホールディングスは、グループ名を「損保ジャパン日本興亜グループ」に改称した）。

二〇〇九年六月には、東京海上グループにもイーデザイン損保が加わった。インターネットや携帯電話を活用した自動車保険を扱う同社は、新たな時代の損保のあり方を示している。

「あしたの力に、変わるものを。」

二〇一〇年、東京海上日動は、四つの付帯サービスが特徴の火災保険「トータルアシスト住まいの保険」と、これまでバラバラだった保険をひとつにまとめた生損保一体型保険「トータルアシスト超保険」を従来の内容からリニューアルして発売。どちらの商品も、トータルアシストの名にふさわしい充実した内容で、現在のメイン商品となっている。

そんななか、二〇一一年三月一一日、宮城県沖を震源とする日本観測史上最大の地震、東日本大震災が起こった。地震とそれにともなう津波により、東北地方と関東地方の沿岸部で壊滅的な被害が発生した。国土交通省によると、震災による死者・行方不明者は一万八四九八人、建築物の全壊・半壊は約四〇万戸、津波で流された自動車の数は岩手・宮城・福島の三県で約二三万六〇〇〇台。政府は震災による直接的な被害額を一六～二五兆円と試算した。

東京海上グループは震災直後から、契約者や代理店のためにできることを迅速に実行した。まず、地震発生から一時間以内に本店対策本部を設置。現地の社員や代理店の従業員の安否確認と、被害にあった保険契約者の把握に努めた。翌三月一二日の早朝から、先遣隊が支援物資を持参して本店から被災地へ向けて出発。同時に被害状況の連絡を受ける地震災害事故受付センターを設置し、更新手続き・保険料払込みの二カ月猶予などの契約者向け特別措置を発表した。

地震発生から二日後の三月一三日には、災害復旧専門会社のベルフォア社による復旧サービスを開始。翌日には、契約者への迅速な保険金の支払い、代理店の復興支援を最優先し、全社を挙げて取り組むという会社方針を全社員に通達した。また、全国からの応援要員を被災地に派遣し、早期の被害状況の確認を試みると同時に、事務所が津波で流されたり、倒壊したりしてパソコンが使えなくなった代理店に対し、ワンボックスカーにパソコン環境を整えた移動オフィスを提供するなど、代理店業務を支援した。

東京海上グループは「あしたの力に、変わるものを。」をスローガンに、阪神・淡路大震災などの多くの自然災害へ対応した経験を活かして、社会的責任を果たすため、社員が一丸となって対応にあたったのである。この不幸な震災を機に日本人の保険に対する考え方は、大きく変わった。地震リスクの高い地域の住民は「いざというとき」のために本当に役立つ保険を吟味するようになったのだ。

東京海上グループでは、震災の経験を未来につなぐために、各地で地震保険研修が行われている。顧客からすれば、財産滅失に備えるためだけに加入するのではなく、受け取る保険金が生きる活力になるようなサービスが求められている。それにどのように応えていくか。そういった意味で東日本大震災は、東京海上グループにとって大きな試練になったと同時に、大きな宿題を残してくれたともいえよう。

これからも永遠に続く航海

東京海上グループは現在、顧客に品質で選ばれ、成長し続けるグローバル保険グループとなることを中長期ビジョンとして掲げ、二〇一二年度より中期経営計画「変革と実行２０１４」に取り組んでいる。そのなかで二〇一三（平成二五）年六月、

2013年、社長に就任した永野毅

隅が会長に退き、副社長の永野毅が社長に就任した。この新体制のもと、ちょいのり保険、超保険、超ビジネス保険といった革新的な商品・サービスの強化と、タブレット型端末、スマートフォンを活用した契約手続き・事故対応の仕組みの導入が進められている。そこには「顧客とのわかりやすく快適な接点を構築していく」という姿勢があらわれている。

東京海上グループの中核企業である東京海上日動は二〇一三年一〇月～二〇一四年一〇月、自動車保険一〇〇周年を記念するキャンペーン「I LOVE YOUキャンペーン」を行った。一九一四年に東京海上がはじめて自動車保険の営業認可を取得したことが日本の自動車保険のはじまりである。本キャンペーンには、日本の自動車保険を牽引してきた東京海上の自負と契約者への感謝の気持ちが込められているようだ。

また、東京海上日動あんしん生命は、一般的な死亡保険や医療保険ではカバーできない介護・就業不能・在宅療養などの保障領域を「生存保障」と定義し、「生存保障革命」と題した取り組みを推進している。二〇一三年に発売した医療保険「メディカルＫｉｔＲ」が発売開始から一年で約二二万件の販売件数を達成するなど好調で、二〇一三年七月には保有契約件数四〇〇万件を達成した。さらに、二〇一四年一〇月に、東京海上日動フィナンシャル生命保険と合併。これにより、東京海上グループの国内生保事業の持続的な成長に向けた基盤の整備が図られた。

東京海上ホールディングスの二〇一三年度（二〇一三年四月一日〜二〇一四年三月三一日）の連結決算は、国内および海外における保険営業の伸展に加え、国内外の景気回復や円安の進行が寄与し、前年度に続き過去最高収益を更新した。中期経営計画「変革と実行２０１４」の成果はこれらの数字が物語っている。

自動車保険100周年記念ポスター

東京海上グループは、顧客や社会から広く信頼される「良い会社」へ進化を遂げてきた。例えるなら、出航当初は小さな船で乗組員も荷物も少なかったが、荷物の届け先から「信用」という名の燃料をもらう度に、船が大きくなり、乗組員と荷物も増えていったようなもの。その間、舵を取る船長は何人も交代していったが、乗組員である「人材」を大切にする精神は受け継がれていく。

社会や経済を取り巻くリスクは多様化しているが、東京海上グループはこれからも顧客からの信頼をあらゆる活動の原点におき、グローバル保険グループとして新たな挑戦を続けていく。荷物や届け先はどんどん変わっていくだろう。船のかたちや大きさ、乗組員、船長も変わる。それでも、一八七九年八月一日、日本初の保険会社として船出した東京海上の航海は、永遠に続いていくに違いない。

c h a p t e r 3

第3章

東京海上ホールディングスの経営分析

東京海上ホールディングスは言わずと知れた日本損保業界のリーディング・カンパニーであるが、
なぜ、彼らはその座に君臨し続けることができるのか!?
彼らの強さを支える経営戦略の特徴とは何か!?
東京海上ホールディングスの過去10年の財務諸表、経営数値を様々な角度から分析しながら、
彼らの長所・短所を紐解いていく。

久野康成公認会計士事務所 所長
株式会社東京コンサルティングファーム 代表取締役会長
公認会計士 久野 康成

まえがき　数値から見る東京海上ホールディングスの経営状況

企業が生み出す利益には、企業の歴史や商品価値、市場の変化など様々な要因があるが、その経営活動の結果として数値で現れるのが財務諸表、いわゆる企業の成績表である。これには、企業が過去に積み上げてきた利益＝結果だけでなく、企業が抱える問題から未来の展望まで、すべてが内包されているといっても過言ではない。

ここで分析する財務諸表は、決算時における企業の財産状況を示す「貸借対照表」と、ビジネス活動の結果を示す「損益計算書」である。

財務諸表を分析する際、比較が重要になる。過去実績との比較、同業他社との比較、事業（セグメント）ごとの比較、目標値との比較などである。しかしながら、比較の前に、東京海上ホールディングス（以下「東京海上」）の財務状態や利益構造について体系的に理解しておく必要がある。まずは、東京海上のビジネスモデルを二〇一三年度（二〇一四年三月期、以降同様）の貸借対照表から読み取っていく。

貸借対照表は企業がどのように資金を調達し、それをどのように運用したのかを

貸借対照表（連結）2014/03/31 時点

資産の部	単位：百万円	百分率	負債の部	単位：百万円	百分率
現金及び預貯金	439,368	2.3%	保険契約準備金	13,591,573	71.7%
コールローン	270,931	1.4%	支払備金	1,975,880	10.4%
買現先勘定	119,974	0.6%	責任準備金等	11,615,692	61.3%
債券貸借取引支払保証金	38,580	0.2%	社債	124,375	0.7%
買入金銭債権	877,452	4.6%	その他負債	1,855,409	9.8%
金銭の信託	2,897	0.0%	債券貸借取引受入担保金	876,446	4.6%
有価証券	14,761,559	77.9%	その他の負債	978,962	5.2%
貸付金	373,574	2.0%	退職給付引当金		—
有形固定資産	300,753	1.6%	退職給付に係る負債	221,921	1.2%
土地	142,344	0.8%	役員退職慰労引当金	37	0.0%
建物	136,093	0.7%	賞与引当金	40,345	0.2%
建設仮勘定	1,748	0.0%	特別法上の準備金	78,763	0.4%
その他の有形固定資産	20,567	0.1%	価格変動準備金	78,763	0.4%
無形固定資産	427,987	2.3%	繰延税金負債	175,793	0.9%
ソフトウエア	17,130	0.1%	負ののれん	90,286	0.5%
のれん	250,196	1.3%	支払承諾	30,379	0.2%
その他の無形固定資産	160,660	0.8%	負債の部合計	16,208,886	85.5%
その他資産	1,263,916	6.7%	純資産の部	単位：百万円	百分率
退職給付に係る資産	1,595	0.0%	株主資本		—
繰延税金資産	64,078	0.3%	資本金	150,000	0.8%
支払承諾見返	30,379	0.2%	利益剰余金	1,231,034	6.5%
貸倒引当金	−25,048	−0.1%	自己株式	−6,716	0.0%
			株主資本合計	1,374,318	7.3%
			その他の包括利益累計額		—
			その他有価証券評価差額金	1,239,658	6.5%
			繰延ヘッジ損益	18,222	0.1%
			為替換算調整勘定	106,510	0.6%
			退職給付に係る調整累計額	−25,946	−0.1%
			その他の包括利益累計額合計	1,338,444	7.1%
			新株予約権	1,891	0.0%
			少数株主持分	24,459	0.1%
			純資産の部合計	2,739,114	14.5%
資産の部合計	18,948,000	100.0%	負債及び純資産の部合計	18,948,000	100.0%

示している。まず資金の調達について、総資本は約一八・九兆円である。そのうち負債が約一六・二兆円で、純資産が約二・七兆円。負債はいずれ返さなくてはならない債務であるため、一般的にはこの負債額が大きければ大きいほど、企業の財務面での安全性は低くなる。総資産に占める負債・純資産の割合は、負債が八五・五％、純資産が一四・五％となっている。負債のうち、保険契約にもとづく将来における債務の履行に備えるための保険契約準備金が約一三・六兆円と負債の約八四％を占めていることがわかる。

保険業は、製品やサービスを提供することで利益が確定するビジネスモデルではない。つまり、契約者から受け取った保険料がそのまま企業の利益（儲け）になるわけではない。例えば自動車保険であれば、事故への保険金支払いや、中途解約による返戻金支払いに備える必要があり、将来における債務に備えるための資金を準備金として積み立てることが義務づけられている。よって、一般的な企業の金融機関からの借入金のような負債ではなく、契約者から一時的に預かっているお金、ととらえることができる。

一方、純資産は企業自身が持っている資本と過去の利益の蓄積であるため、資産に対して純資産の占める割合が大きいほど、財務の安全性は高いといえる。過去からの利益の蓄積である利益剰余金は約一兆二三二〇億円。二〇〇四年度では約九二〇〇億円であるため、九年で約三一〇〇億円の増加、一年平均で考えると約三四〇億円の利益が積み上がっていることがわかる。企業はこの利益を再投資することで、成長と安定を保つことができるのである。東京海上では、海外企業の買収などの積極的な海外投資により収益性を高めていくという明確な戦略を打ち出し、実際に結果を出している。海外事業に対する投資は収益拡大のみならずリスク分散という面で、今後も財務面の安定性を高めることになるだろう。次に、企業が有する財産の運用状況を見てみよう。

総資産のうち、約七八%が有価証券であり、金額は約一四・八兆円である。これには子会社および関連会社の株式と出資金一〇四〇億円が含まれているが、それを除いても、有価証券による資産運用が要であることがわかる。この有価証券のうち国内債券が七・三兆円、なかでも国債が六・五兆円と、長期で安定的に運用収益を挙げていることが伺える。また、外国証券は二・九兆円と、主に欧米を中心とする海外保険会社における現地国の債券を運用している。資産運用についても資産負債管理（ＡＬＭ＝

有価証券に占める主な項目

	単位：十億円	百分率（対有価証券全体）
子会社および関連会社の株式と出資金	104	0.7%
国内債券	7,300	49.5%
うち国債	6,500	44.0%
外国証券	2,900	19.6%

Asset Liability Management）を軸として、流動性と利益の安定的確保を図っていくことを経営方針として示している。

生命保険は負債（保険契約）が数十年と長期にわたるが、損害保険は一年や五年といった短期のものが大半を占めており、短期的な運用と長期的な運用の組み合わせが重要になる。資産運用による利益拡大は重要だが、リスクとしては市場金利の変動により価値が大きく変動するため、円金利（特に長期金利）によって大きな影響を受け、その価値変動は、直接純資産に影響し、経営の安定性を脅かすことにもなりかねない。

資産負債管理（ＡＬＭ）については、流動性と利益の安定的確保が求められるが、保険会社のキャッシュアウトはそもそも不確定なものである。資産と負債の価値変動を一致させることは難しく、また、前提条件の違いによっても保険負債の価値や金利感応度（金利が変動した場合の金融商品などの価格の変動額）が変わってくる。つまり、流動性の確保や運用によるリスクコントロールに留意しながら、許容リスクの範囲内で収益向上を目指すことが求められている。続いて、収益の構造を見ていこう。

損益計算書は、企業経営の結果、いくら利益が獲得できたのかを表したもので、売上から費用を差し引いたものが利益となって表示される。売上高が数兆円あったとしても、利益が出なければ赤字となってしまうため、収益構造を見る際には、売上だけでなく、費用、利益を見ることも重要となる。

数字を見てみると、経常収益は四兆一六六一億円、経常費用が三兆八九一七億円。当期純利益は約一八四一億円であり、前年比で五四五億円増加している。また、当期の利益率に関して、経常利益率は約六・六%、当期純利益率は約四・四%となっている。

収益の内訳は、保険引受収益が約三兆四一一六億円、資産運用収益が約六五九五億円、その他経常収益が約九五〇億円となっている。保険による収益が八一・九%、資産運

損益計算書（連結）2013/04/01～2014/03/31

	単位：百万円	百分率
経常収益	4,166,130	100%
保険引受収益	3,411,595	81.9%
正味収入保険料	2,870,714	68.9%
収入積立保険料	103,678	2.5%
積立保険料等運用益	54,014	1.3%
生命保険料	378,043	9.1%
その他保険引受収益	5,145	0.1%
資産運用収益	659,548	15.8%
利息及び配当金収入	305,816	7.3%
金銭の信託運用益	227	0.0%
売買目的有価証券運用益	3,750	0.1%
有価証券売却益	108,134	2.6%
有価証券償還益	990	0.0%
特別勘定資産運用益	267,275	6.4%
その他運用収益	27,367	0.7%
積立保険料等運用益振替	−54,014	−1.3%
その他経常収益	94,986	2.3%
経常費用	3,891,743	93.4%
経常利益	274,386	6.6%
特別利益	3,314	0.1%
特別損失	7,020	0.2%
税金等調整前当期純利益	270,680	6.5%
当期純利益	184,114	4.4%

用による収益が一五・八％である。この利益割合の経年変化を見ることで、戦略の変化や市場の変化を分析することができる。そして、セグメント別（事業ごと）に売上高や利益率を見ていくことが重要となってくる。

正味収入保険料および生命保険料の構成は、国内損害保険が約六五％、海外保険が約三〇％、国内生命保険が約五％となっている。強みは、欧米三社（キルン社、フィラデルフィア社、デルファイ社）の買収により海外事業を拡大した結果、国内外で収益性の安定を構築できたことにある。

海外での利益は一一七三億円と純利益の六四％を占め、国内事業と比べ利益率が高いことがわかる。一方、今後日本市場での少子高齢化の進展や都心生活者の増加、若者の自動車離れの加速などにより、主力商品の自動車保険の契約数の増加を見込むことは難しいが、国内事業の利益率を高めることも課題となってくることだろう。

収入に目を向けると、損害保険会社の実質的な収入を示す基本指標となるのは、「正味収入保険料」である。つまり東京海上の二〇一三年度の実質的な収入は二兆八七〇七億円となる。損害保険における「正味」という言葉には二つの意味があり、一つ目は、契約者から受け取った保険料から、解約返戻金などの支払いを相殺した後の金額、二つ目は「再保険料」を加味して相殺した後の金額、つまり自社で引き受けるリスクに対応する保険料を意味する。「再保険」とは、保険契約の責任の一部または全部を、他の保険会社に引き受けてもらうことにより、高額な保険金支払いが発生した際に経営に影響が出ないよう、リスクを分散する目的がある。損害保険は同時期の同一事故により巨額な支払いが発生する可能性があるため、リスクを分散させる必要があるのである。

つまり、保険会社の収入は、「元受保険料＋受再保険料－出再保険料」となる。巨大な事故が起きることは事前に予想ができないため、巨額のリスクにどれだけ備えられるかどうかが、安定的な経営をするために重要となるのである。

ここまでは二〇一三年度の財務諸表（貸借対照表、損益計算書）を中心に最新の経営状況を分析したが、ここからは、直近一〇年分、すなわち二〇一三年度から二〇〇四年度（二〇〇五年三月期）まで遡り、さらには財務諸表に加えて様々な経営数値を分野ごとに見ていくことで東京海上の経営状況をさらに詳しく分析していくことにする。

経常収益と保険収益割合の推移

経常収益とは、保険会社の通常の営業活動と、それに付随する活動から発生する収益をいう。ここでは、本業である保険引受収益、資産運用による収益、これら以外の事業に付随する収益、の３つの数字の推移を見ていく。折れ線グラフは、各年度における収益金額の合計額のうち、主たる事業からの収益である保険引受収益の占める割合を表したものとなっている。

東京海上の経常収益の内訳としては、大半が保険引受、資産運用から成り立っている。二〇〇四年度時点では本業である保険引受収益が全体の収益の約九割を占めていたが、二〇〇七年度（二〇〇八年三月期）以降、保険引受収益の割合は減少傾向となり、資産運用収益の全体の収入に占める割合が増加している。

保険引受収益の長期的な動きを見てみると、二〇〇六年度（二〇〇七年三月期）の三兆八二三九億円をピークに、その後は減少傾向にあったが、二〇一二年度（二〇一三年三月期）には再び連結収入額が三兆円を超え、二〇一三年度には三兆四一一六億円と前年に比べ大きく増加した。ここ数年の増収の主な原因としては、海外収益の増加の影響が挙げられる（詳細は「海外収入比率の推移」P122を参照）。

資産運用による収益は、二〇〇四年度には約二一四二億円だったが、二〇一三年

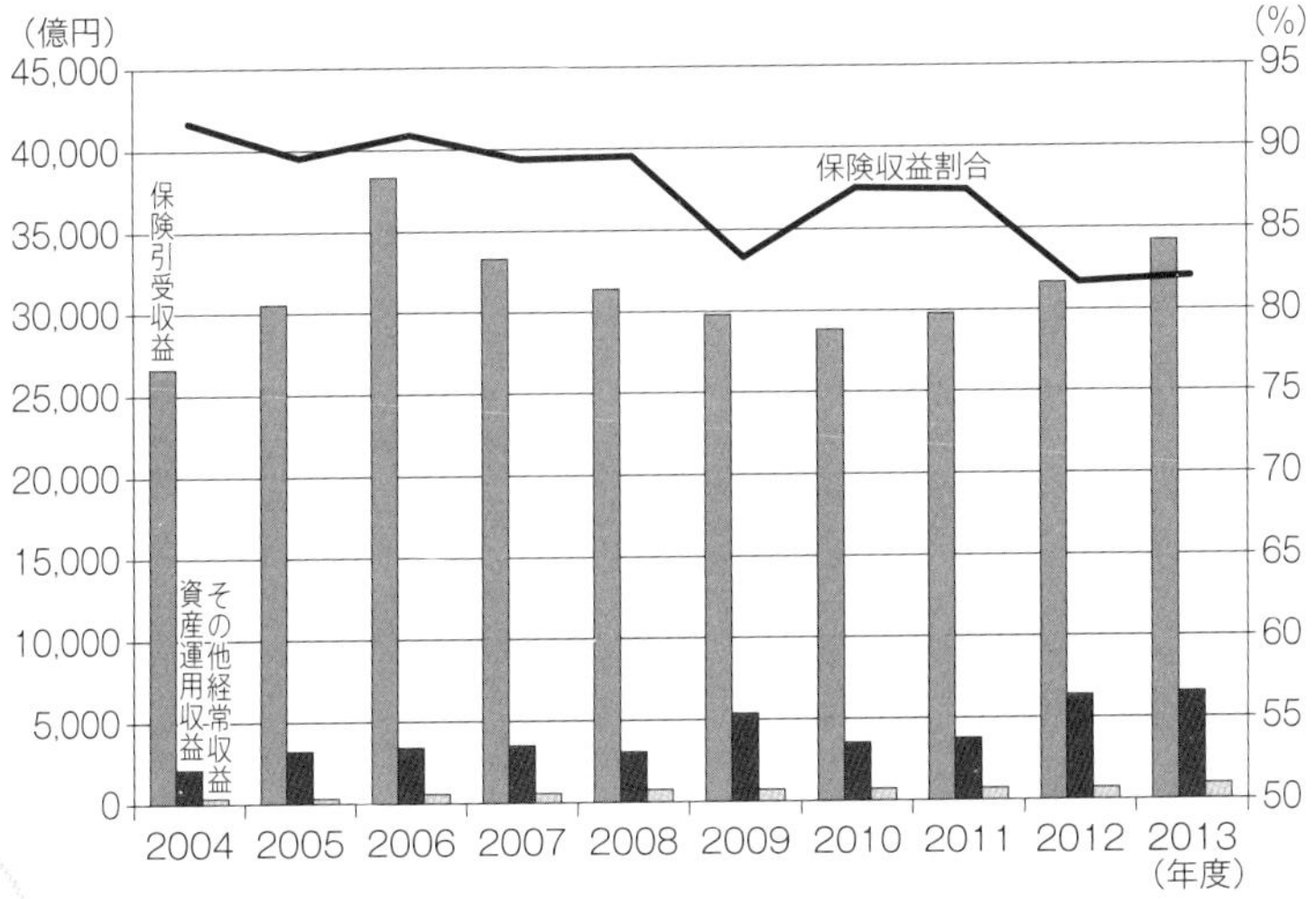

度には六五九六億円と、九年間で三倍以上の伸びを見せている。保有株式の配当金や価額の上昇にともない、資産運用収益が増加している。

資産運用収益が安定している要因として、同社の明確な運用方針が挙げられる。運用資産を「積立保険や年金などの契約者負債に対応したＡＬＭ部分」と「それ以外（自己資本に対応する部分）」に分け、ＡＬＭ部分では、保険負債のリスク特性に応じて区分管理を行い、金利リスクなどを適切にコントロールしながら運用している。国内株式は政策株が大半を占めるが、縮小に努めており、現中期経営計画（二〇一二～二〇一四）では時価で毎年約一〇〇〇億円ずつ売却を進めることとしている。

経常利益と経常利益率の推移

経常利益とは、企業の本業による利益と、本業に付随して発生する活動により発生した利益を含めた利益であり、経常収益から経常費用（企業の本業や本業に付随する費用、支払保険金、責任準備金繰入額、資産の運用損など）を差し引いた差額をいう。経常利益率とは経常収益のなかに占める経常利益の割合をいう。

経常収益については、二〇〇六年度をピークに、いったん減少傾向となったが、二〇一〇年度（二〇一一年三月期）を底として、上昇傾向となった。本来、利益の額というのは収益から費用を差し引いた残りの部分をいうので、収益が増加すれば、その分利益も増加するが、増加した収益以上に、費用が増加してしまえば、利益は減少してしまう。

経常利益が一〇年間で唯一マイナスとなった二〇〇八年度（二〇〇九年三月期）の収益と利益率の乖離について見てみよう（「経常利益の推移」はＰ１７８を参照）。損害保険事業において、正味収入保険料や利息および配当金収入の減少などにより、経常収益が減少した一方で、経常費用は、リーマンブラザーズの破綻に端を発する金融市場の混乱および株式相場の下落により、有価証券評価損などの資産運用

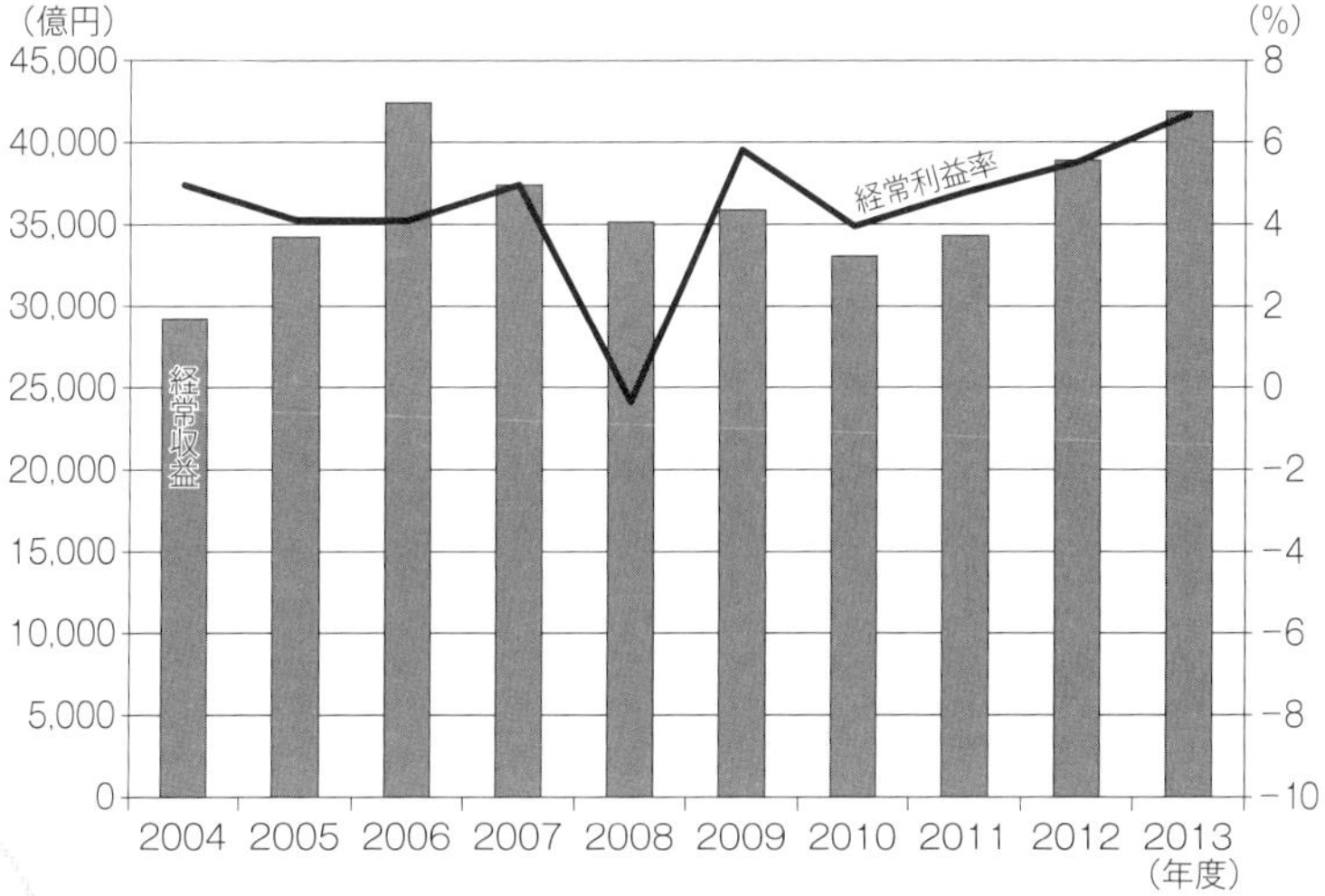

費用が増加している。

その後、二〇一〇年度には経常利益は一二六〇億円と前年対比で約七七〇億円の大きな減少となったが、それ以降は順調に経常利益が増加しており、二〇一三年度においては二七四四億円という好業績となっている。

二〇一〇年度以降における経常収益と経常利益率の関係は、おおむね同様の動きをしているといえる。近年の海外の利益率の高さ、自動車保険の収益改善に向けた取り組みにより、経常利益率は上昇傾向にあり、二〇一三年度は経常利益率六％超と過去一〇年で最高値となった。

正味収入保険料の推移

一般企業の売上に相当する「正味収入保険料」は、保険料収入から再保険に要した保険料などを加減したものである。また、一般企業の売上に対応する売上原価については、「正味支払保険金」となる。これは、保険会社が顧客へ支払った保険金と、他の保険会社へ再保険で支払った保険金の合計額から、再保険で回収した保険金を控除したものである。

正味収入保険料は年度ごとに増減はあるものの増加傾向にあり、その主因は、火災保険・自動車保険・自動車損害賠償責任保険の増収、M＆Aなどによる海外事業の拡大による海外事業の増収によるものである。

正味支払保険金も正味収入保険料の増加にともない、年々増加傾向にあるが、二〇一一年度をピークに、その後は減少傾向となっている。同年度の正味支払保険金の増加要因としては、タイにおける大洪水による保険金の支払いが同年度に計上されたことにある。このほかにも近年の大きな自然災害としては二〇一〇年度の東日本大震災や、二〇一三年度の関東地方を中心とする大雪などが挙げられるほか、各地において自然災害が多発している。

このように大規模な自然災害が多発すると、正味支払保険金が増加するなど損害

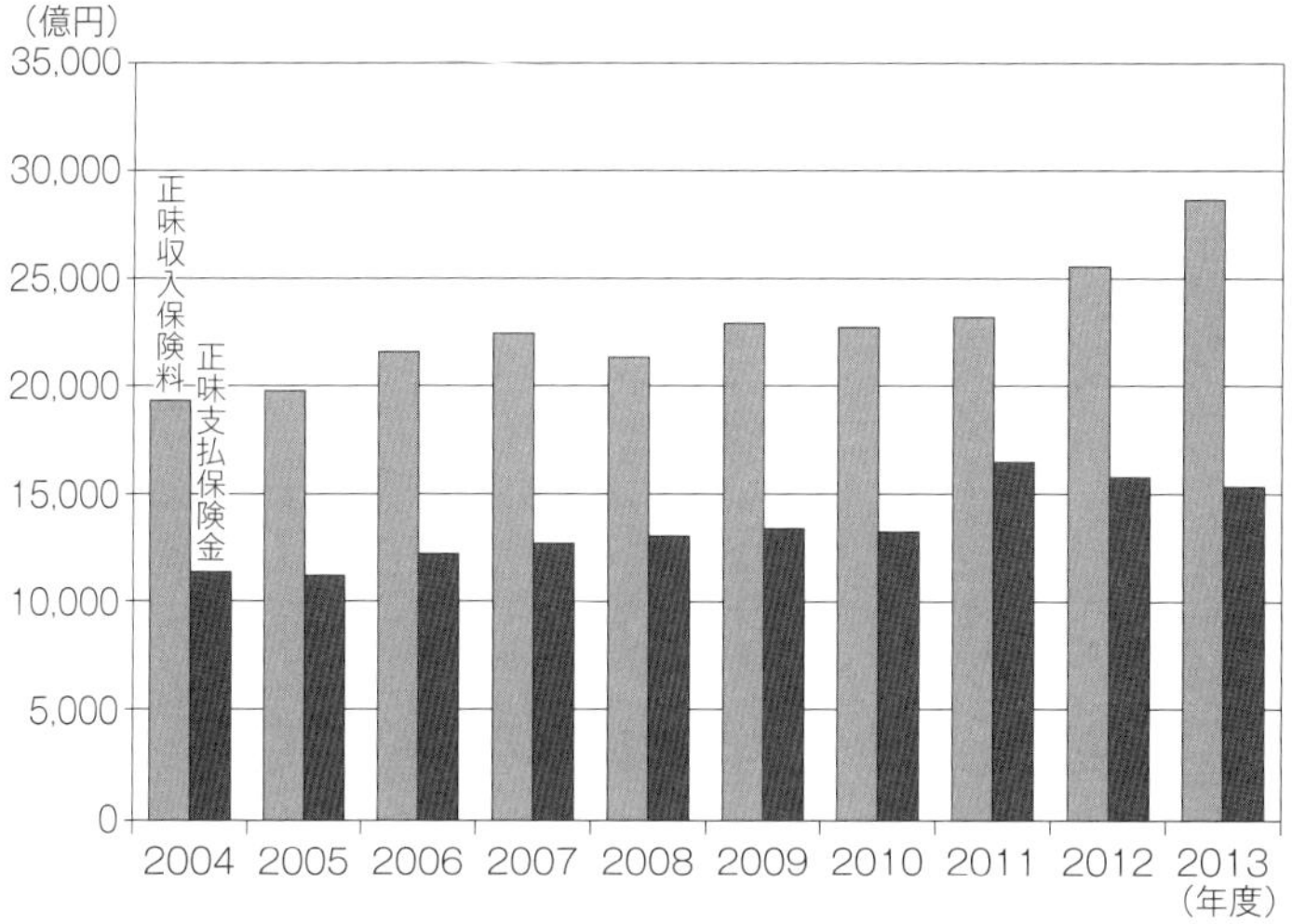

保険事業が自然災害の影響を強く受けるビジネスモデルであることがわかる。

現在、東京海上では、海外事業の発展だけでなく自動車保険などの商品料率改定などにおいても、収益力の回復を図り改善に取り組んでいる。

また、損害保険事業は右記のとおり大規模な自然災害による正味支払保険金増加の影響を受けやすいため、海外事業や生命保険事業の強化などにより、地域間、事業間でリスクを分散し安定性を高める努力が感じられる。

保険契約準備金の推移と総資産に対する割合

一般の事業会社では、会社の財務体質の安全性を見るために、総資産における短期借入金、長期借入金といった有利子負債の割合をチェックする。他方、保険業界においては、保険契約者に対する債務である「保険契約準備金」が重要な指標となる。これは、将来の保険金支払いや解約返戻金、配当金などの支払いに備えて保険会社が留保しておくものである。

総資産額の推移をみてみると、二〇〇八年度、二〇一〇年度、二〇一一年度（二〇一二年三月期）に株価下落や債券貸借取引の減少などの影響により減少しているものの、長期的に判断すれば増加傾向にあるといえるだろう。

それにともない、保険契約準備金の金額も毎年増加傾向にあるが、二〇〇四年度には六五％前後であった比率が、二〇〇八年度には五％増加し、二〇一〇年度からは、総資産に対し七〇％と、一定の割合を保っている。

保険契約準備金の内訳をみてみると、責任準備金などが約九〇％、残りは支払備金というかたちで構成されている（Ｐ１０３を参照）。責任準備金とは、将来の保険金・年金・給付金の支払いに備え積み立てている準備金であり、正味収入保険料に比例して増減するものである。

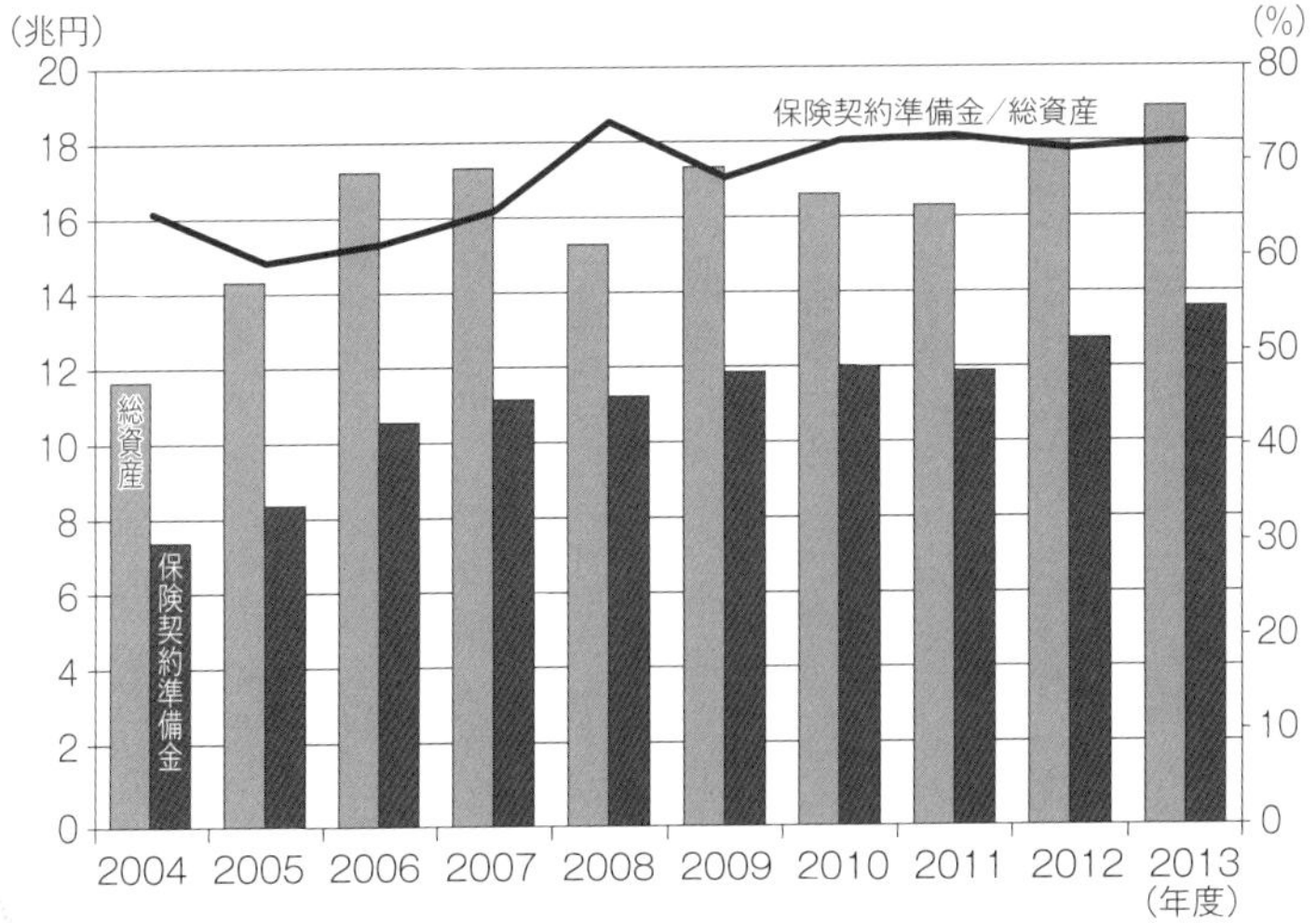

支払備金は、実際に支払義務が発生し、未払いになっている保険金、返戻金などに対する積み立てになるので、実質的な負債といえる。

二〇一〇年度までは保険契約準備金に占める支払備金の割合は一〇%前後であったが、二〇一一年度より一二〜一五%と毎年増加している。

保険金支払額の増加に対しては、料率水準の見直しを実施することなどで、財務の安定を図る対策をとっているが、今後、より財務の安定性を保っていくためには、保険契約からの資金だけではなく、株式などの資産の運用から生じる資金など、その他の資金も含め資金を増加させていく必要があるだろう。

キャッシュ・フローの推移

キャッシュ・フローとは、資金の流れを表したものであり、企業の活動を「営業活動」「投資活動」「財務活動」の三つに区分し、資金増減の内訳をより明確にすることを目的としてキャッシュ・フロー計算書が作成される。一般的に、営業活動で得た資金を投資活動に回し、不足分を財務活動にて補う、というかたちになる。

通常、企業の本業から生じるキャッシュ・フローは、営業活動によるキャッシュ・フローとして現れるが、保険会社の場合、投資活動によるキャッシュ・フローも合わせて分析する必要があるという点に特徴がある。なぜなら、保険会社は、契約者から保険料を受領し、事故が発生した場合に保険金を支払うが、保険金を支払うまでの間の資産運用も、特に年金保険、変額保険、積立型保険のように長期で貯蓄性の高い保険などにおいて非常に重要となる本業に不可欠な業務だからである。

二〇〇五年度（二〇〇六年三月期）～二〇〇八年度にかけ投資活動によるキャッシュ・フローが大幅にマイナスとなっているが、これは一部にキルン社やフィラデルフィア社などの買収も含まれるものの、大半は、変額年金保険契約の増加にともない、受領した保険料を運用するための運用資産を購入したことが大きな要因となっている。

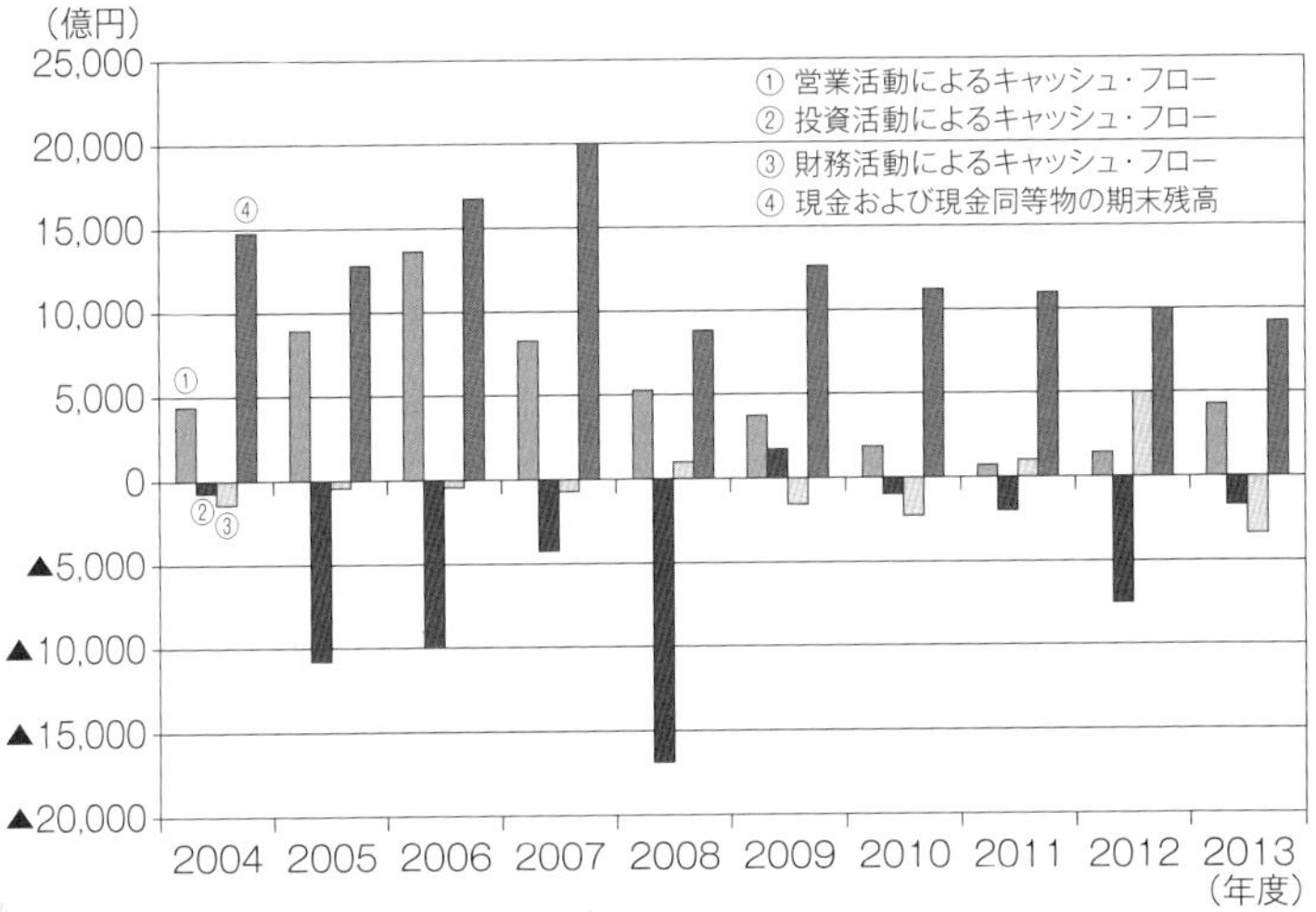

財務活動によるキャッシュ・フローをみてみると、二〇一一年度まで目立った動きがなく、二〇一二年度に借入金の返済額が少なかったこと、債券貸借取引受入担保金が増加したことなどで、例年に比べ大幅にプラスとなった。

現金(手許現金および定期以外の預金)および現金同等物(容易に換金可能であり、かつ、価値の変動について僅少なリスクしか負わない短期投資の資産)の期末残高は、この一〇年で減少傾向ではあるものの安定しており、資金面では健全性・安定性の高い経営をしているといえる。欧米への投資活動により収益性が向上したが、今後どの分野へ積極的に投資を行っていくか、また、営業活動によるキャッシュ・フローの伸びに注目したい。

セグメント別売上推移

セグメント分析とは、事業や製品、地域というように、対象を特定して分析し、部門ごとの利益や収益性、成長性を分析するものである。ここでは、国内損害保険事業、国内生命保険事業、海外保険事業ごとに比較することで、各事業の成長性をみる。各事業部の合計は、保険引受業務と資産運用業務を加算したものとなる。

東京海上の売上は、過去から一貫して国内損保事業が最も大きな割合を占めている。ただし、この一〇年間でその内訳は、国内生保事業、海外保険事業の順調な拡大により、大きく変化し、従来の国内損保事業の一極集中とも言える状態からの脱却を果たしている。

この要因のひとつである国内生保事業の拡大は、一九九六（平成八）年施行の改正保険業法により解禁された子会社方式による生損保相互参入が契機となっている。東京海上も同年に生保会社を設立（現在の東京海上日動あんしん生命保険）。この一〇年間の生命保険事業の伸びは著しく、生保参入による結果が顕著に現れている。

業界全体が縮小傾向にあるなかで、同社の国内生保事業は、第一分野、第三分野とも順調に拡大を続け、保有契約件数は二〇一三年度に四〇〇〇万件に到達している。こ

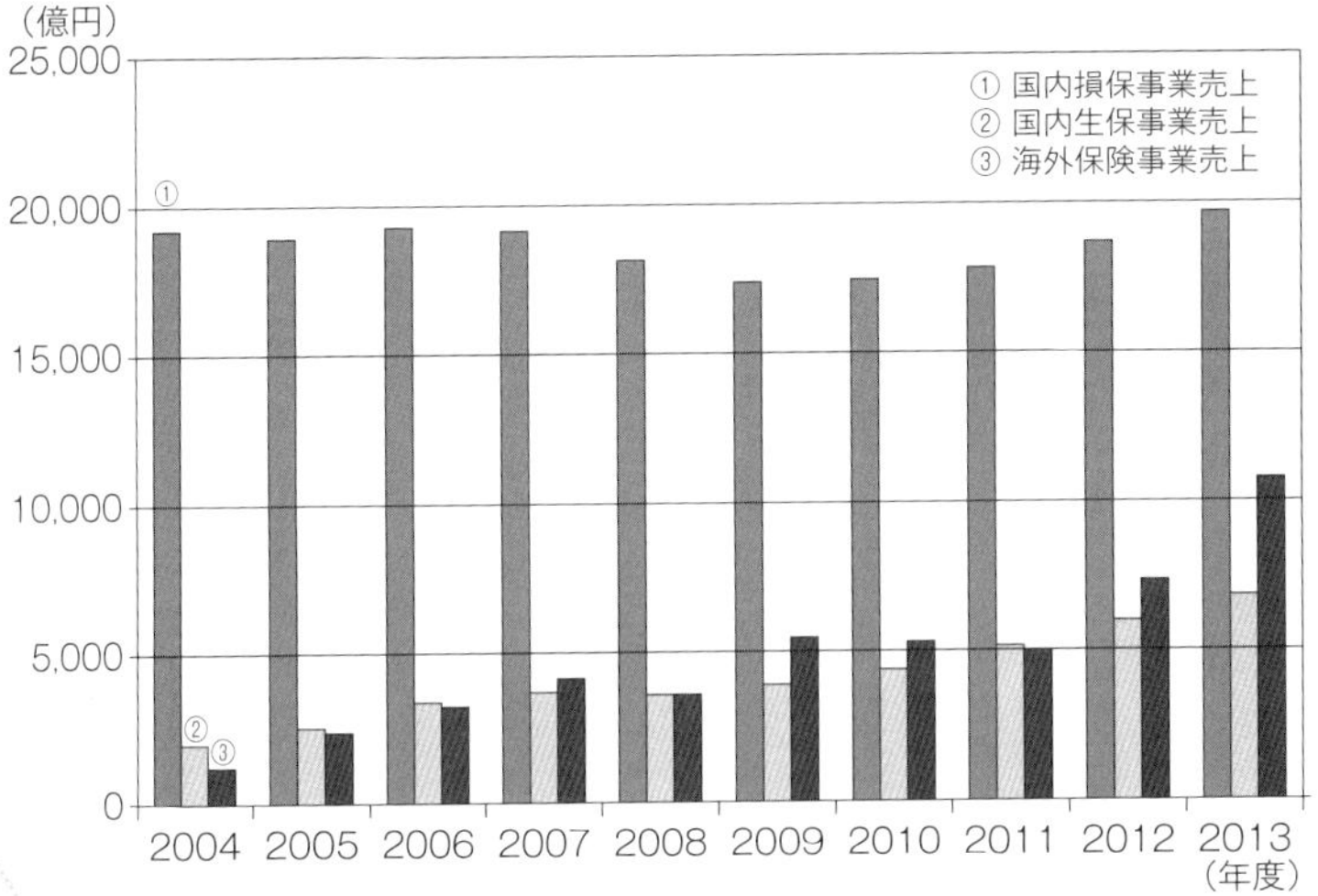

れは、既存の損保顧客に契約更新の都度、直接提案できるという強みに加え、業界唯一の生損保一体型商品「超保険」なども活用した損保、生保の多種目販売戦略が寄与しているものと考えられる。

国内では、損保事業は成熟期を迎え成長性に鈍化が見られるが、既存顧客への多種目販売の推進などによる業績拡大が期待される。

海外保険事業は、欧米での相次ぐ買収の成功に加え為替の影響もあり、直近の二〇一三年度は二〇一二年度の一・四倍近くの増収となっており、今後の伸び具合が注目される。

海外収入比率の推移

日本の人口構造の変化により、国内での保険収入が逓減していくことは必然である。そのため、保険会社は国内での事業収益だけでなく、海外での収益をいかに挙げていくかが経営面で重要になっている。正味収入保険料における海外正味収入保険料の割合をグラフで見ることにより、一〇年間の海外事業の変遷を追っていく。

海外正味収入保険料の増加が右肩上がりであるのに対し、国内の正味収入保険料はこの一〇年間、ほぼ横ばいである。つまり、海外正味収入保険料の増加が、海外収入比率にほぼそのまま連動している。二〇〇四年度の海外収入比率は一一％にすぎなかったが、以降、事業規模を段階的に拡大し、欧州、北米、アジアなどへの展開によって上昇傾向が続いた。二〇〇八年度にはいったん減収となったが、二〇〇八年の英国キルン社、米国フィラデルフィア社の買収を起点とし、二〇〇九年度（二〇一〇年三月期）には北米、欧州の収入が大幅に増加した。

二〇一二年には米国デルファイ社も買収し、二〇一一年度〜二〇一三年度にかけては、北米・欧州の伸びが全体の増収を支えているが、現在は中南米、アジアも増加傾向にあり、海外事業の成長がグループ全体の成長となっていることを示している。

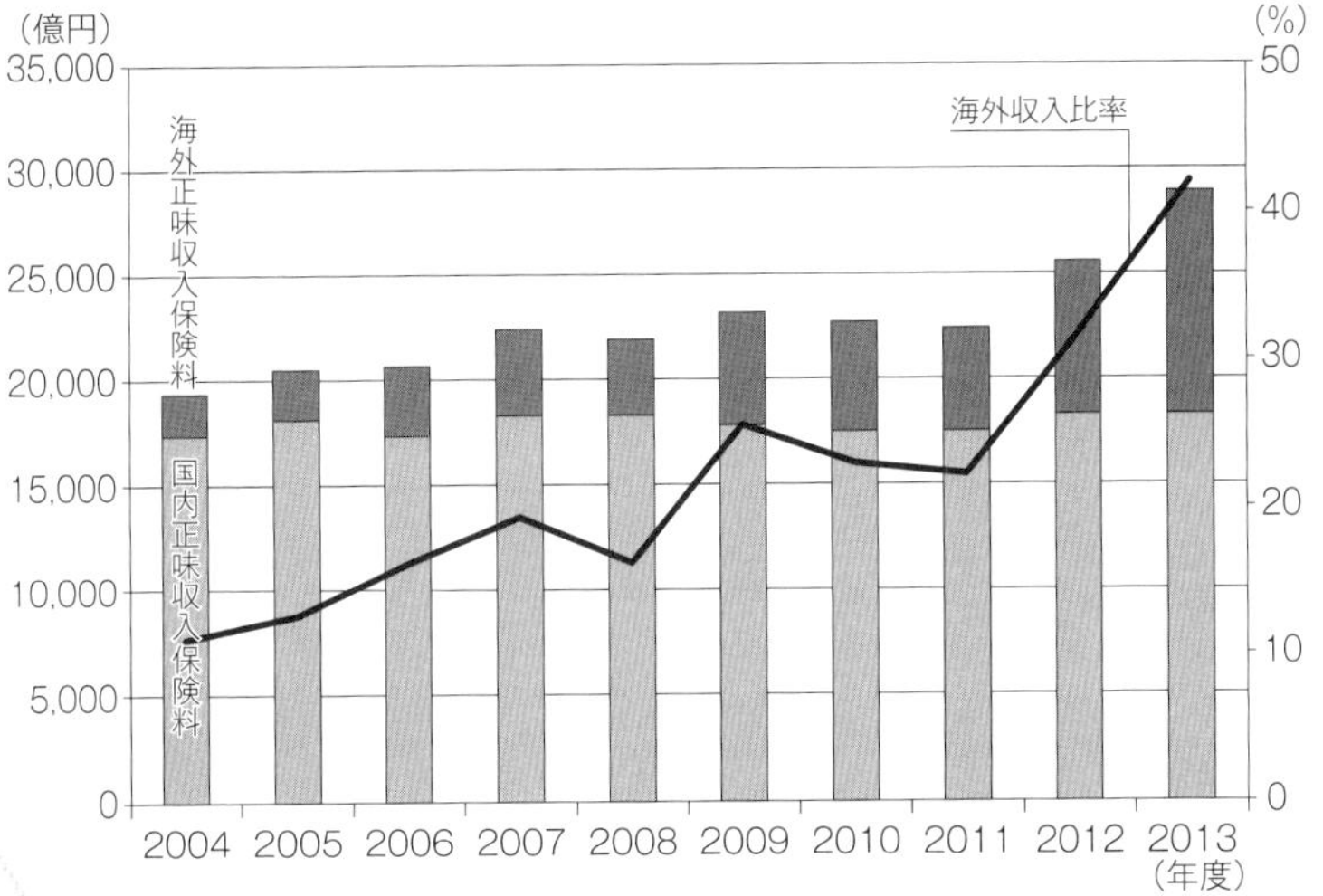

成熟した日本市場において、少子高齢化や人口減少などにより中長期的には、今後大幅に伸びることはないと予想されている。しかし、海外のマーケットの成長率は新興国などでは一〇%に迫る非常に高い成長を遂げる国もあり、今後も一層成長する可能性がある。また、米国での生命保険市場も移民の増加などの要因により今後も成長の見通しがある。

日本と欧米という巨大なマーケットでしっかりとした基盤を構築し、新興国、アジアへも展開していく手堅い戦略で、今後はアジアのマーケットの成長とともに、海外収益のさらなる増加も期待される。

従業員数／一人当たりの当期純利益の推移

売上高が毎年上昇していたとしても、最終的に会社に残る利益が減少していっては、経営上望ましいとはいえない。特にサービス業では、従業員は価値を生み出す重要な財産であり、従業員が増加していくことは企業が拡大傾向にあるといえるが、一方で、従業員一人ひとりが生み出す利益も同様に増加させていく必要がある。

東京海上グループ全体の従業員数の推移を見ると、二〇〇四年度の一万八九一〇名より毎年増加の一途をたどっており、二〇一三年度では三万三三一〇名と、一〇年間で一万四四〇〇名増加している。実に一・七六倍の増加ということから同社の事業が拡大傾向であることが伺える。

従業員一人当たりの当期純利益は二〇〇四年度の三五〇万円から二〇一三年度の五五〇万円へと増加し、この一〇年間で最高額となった。これは従業員の増加により、さらに価値を生み出してきたといえる。

人員の増加に比例して人件費も上昇傾向にあるが、それにともなって利益が上昇しなければ結果として経営状況は悪化する。

そこで、営業・業務効率の改善が必要となる。例えば、インターネットによる保

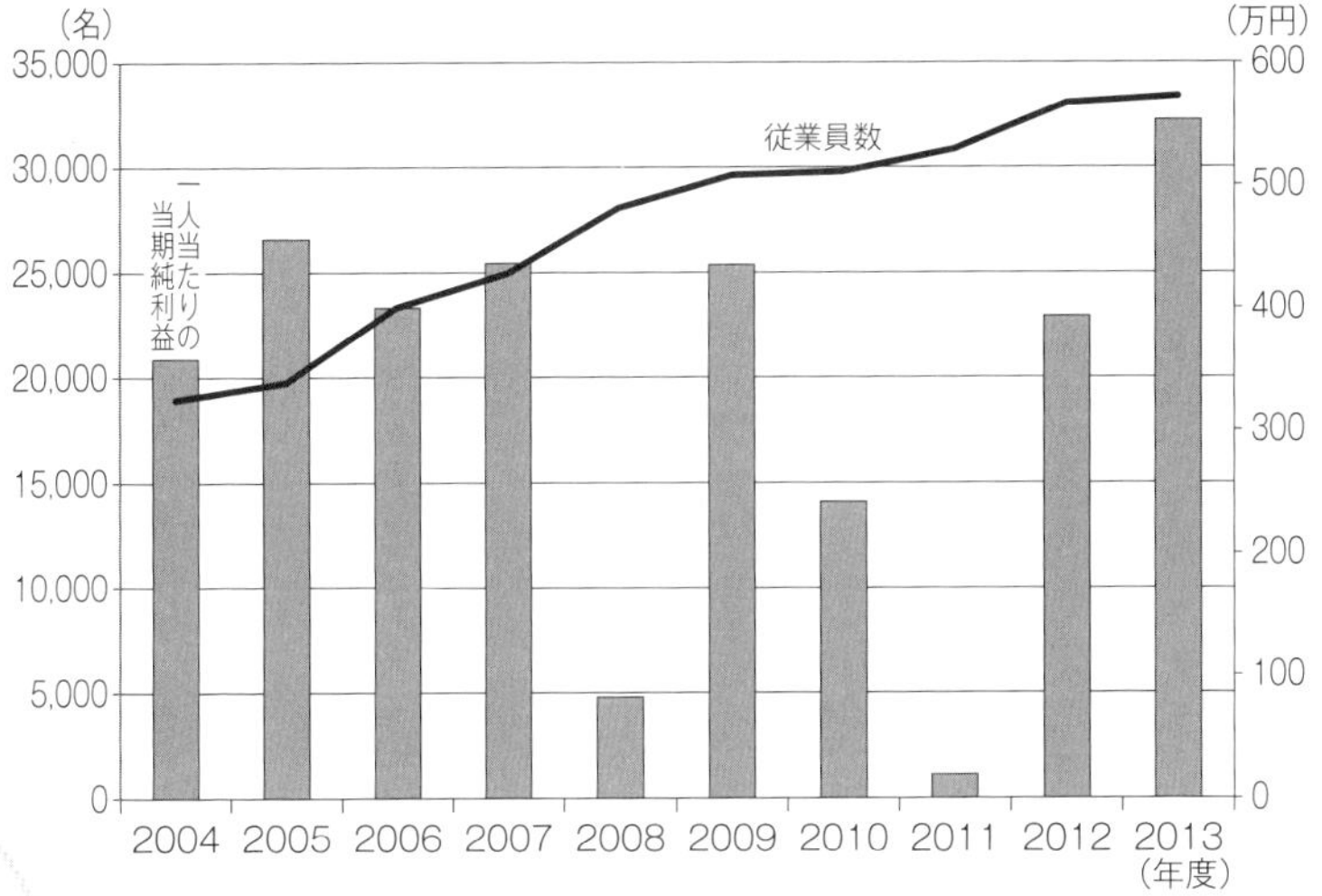

険の販売は、人件費は抑えられるものの、広告費や維持費が高額であり営業効率の大幅な改善策とまではならない。

東京海上は海外事業が大幅に拡大した感が強いが、海外子会社の従業員以外は主に国内事業に携わる従業員で構成されている。

東京海上日動では、四月入社の全国型従業員の研修期間を従来の約三カ月から半年に伸ばし、代理店などへの出向や損害サービス部門の体験を積ませる、入社三年目の全国型従業員の希望者全員を海外に短期で派遣するなど人財育成の強化にも努めている。今後も同社従業員の価値はさらに向上していくにちがいない。

コンバインド・レシオ／損害率／事業費率の推移

コンバインド・レシオとは、「損害率」と「事業費率」を足したもので、保険会社の収益性を測る指標である。保険料収入に占める保険金支払いの割合を表すのが「損害率」、保険料収入に占める経費の割合を表すものが「事業費率」となり、その内訳の推移を分析することで、経営状況や経営戦略を知ることができる。

ここでは、東京海上の収益の柱となっている自動車保険のコンバインド・レシオと損害率、事業費率の推移を見ていく。主力事業である自動車保険の収益改善は、損保会社にとっては大きな課題となっており、東京海上日動では収入保険料の約五割を自動車保険が占めている。

コンバインド・レシオは二〇〇八～二〇一一年度まで一〇〇％を超えていた。これは、保険料収入より保険金支払額と経費の金額が大きく、事業として赤字になっている状態である。二〇一二年度より一〇〇％を切り黒字へと転換した。

損害率については、高齢運転者の増加による交通事故の増加、自動車部品の高額化による車両の修理費単価の上昇に消費税率引き上げも加わるなど、外的要素の占める割合が大きい。

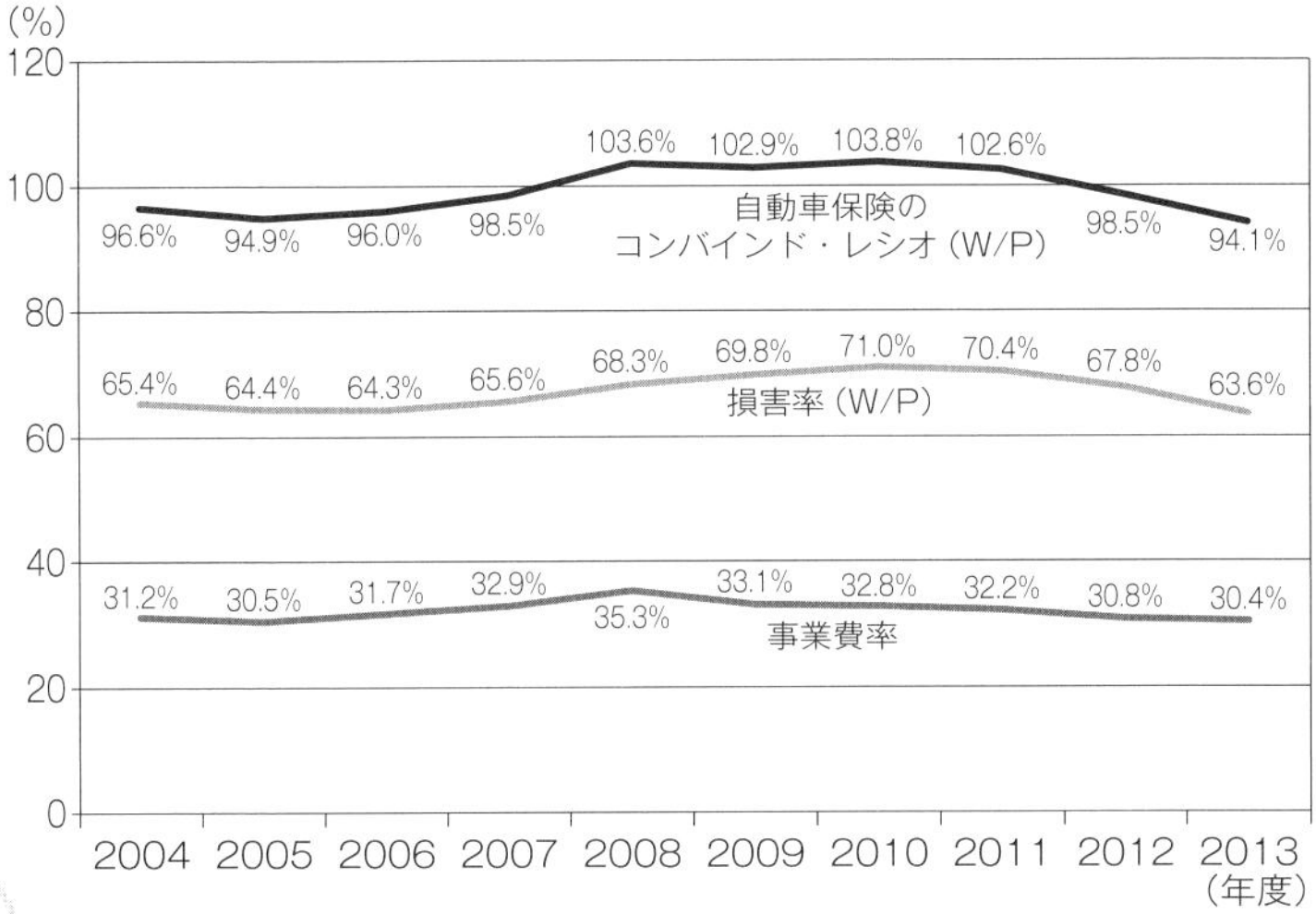

商品・料率や等級制度改定などの取り組みにより、ようやく損害率の改善の兆しが見えつつあるが、保険会社としては、いかに事業費率を下げるかも大きな課題になる。

その事業費率は二〇一三年度に三〇・四%となり、二〇〇八年度の三五・三%に比べ四・九%のマイナスとなった。商品、料率改定による効果に加え、物件費など事業全般にわたる細かなコスト削減の努力が結果として現れている。料率改定により大幅に収益性を上げるのではなく、事業費の圧縮による収益改善がなされているという点で、地道な企業努力を続ける姿勢が感じられる。

競合他社との経営比較

ここでは、「3メガ損保」と呼ばれる保険会社のうち、東京海上とMS&ADインシュアランスグループホールディングス（以下、「MS&AD」）を比較することで、東京海上グループの経営や財務の特徴をさらに細かく分析していく。

同じ業界であっても、経営戦略によって、財務体質や利益構造に特徴が見られる。二〇一三年度（二〇一四年三月期）は、海外部門における為替変動効果を含む増収や株価上昇の影響などにより両社ともに好調な結果となっているが、利益面をみると両社間で差が出ている。

まず、損保会社の実質的な収入を示す基本指標「正味収入保険料」と、利益（儲け）を示す「当期純利益」で両社を比較すると、東京海上の収入は二兆八七〇七億円、利益は一八四一億円となっている。一方、MS&ADの収入は二兆八一一六億円、利益は九三四億円。収入では両社間で大きな差がないのに対し、利益では東京海上がMS&ADの約二倍相当となっている。その大きな要因は、両社の海外展開、特に市場規模の大きい欧米での取り組みの差にあるといえる。東京海上では海外子会社の利益が全体の六四%を占めており、特にフィラデルフィア社の三〇七億円、デルファイ社の二三五億円、キルン社の二五六億円がグループ全体の収益に大きく寄与している。

次に収益構造で比較してみよう。両社とも二〇一一年度に当期純利益が落ち込んだが、二〇一二年度にはV字回復を果たしており、二〇一三年度にはさらに利益を伸ばしている。売上高に対して利益率が高いのが東京海上の特徴であることがグラフからも読み取れる。資産運用については、東京海上は保険引受収益が全体の収益の八二%、資産運用収益は全体の一六%となっており、資産運用での収益性がMS&ADに比べて高く、保険引受

収益構造(2013年度)の比較

東京海上

	単位：百万円	百分率
経常収益	4,166,130	100%
保険引受収益	3,411,595	82%
正味収入保険料	2,870,714	69%
資産運用収益	659,548	16%
経常費用	3,891,743	93%
経常利益	274,386	7%
特別利益	3,314	0.1%
特別損失	7,020	0.2%
税金等調整前当期純利益	270,680	6%
法人税等	84,786	2%
当期純利益	184,114	4%

MS&AD

	単位：百万円	百分率
経常収益	4,362,754	100%
保険引受収益	3,706,972	85%
正味収入保険料	2,811,611	64%
資産運用収益	645,937	15%
経常費用	4,172,495	96%
経常利益	190,259	4%
特別利益	4,821	0%
特別損失	46,239	1%
税金等調整前当期純利益	148,840	3%
法人税等	53,221	1%
当期純利益	93,451	2%

直近5年の当期純利益の推移の比較

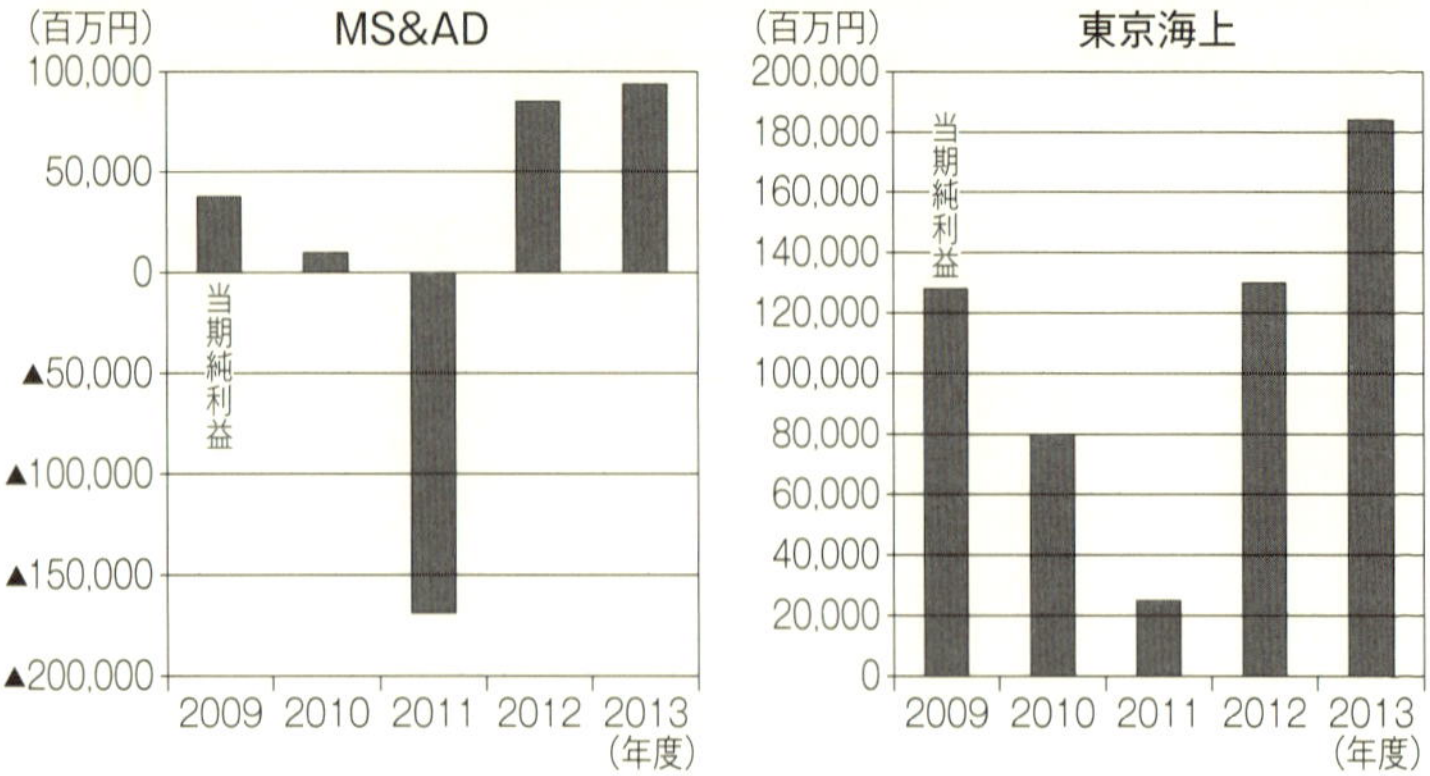

収益のみに頼らない収益構造が構築できているといえる。

ＭＳ＆ＡＤの経常収益は東京海上を超える四兆三六二七億円となっているが、経常費用が経常収益に対し九六％と割合が高い。また特別損失によって大きく利益が減少しており、当期純利益は東京海上に大きく水を開けられている。

財務面での比較は、貸借対照表を図表で表示したものを見ていく。負債・純資産の割合については、両社ともに類似した比率になっており、負債が八六％、純資産が一四％と財務体質は非常に似ている。そのなかで、東京海上は積極的な企業買収による「のれん」および「負ののれん」の金額が目立つ。

「のれん」は企業を買収・合併する際に、買

貸借対照表（2013年度）の比較（※）

東京海上

資産の部	単位：百万円	百分率	負債・純資産の部	単位：百万円	百分率
現金及び預貯金	439,368	2%	保険契約準備金	13,591,573	84%
有価証券	14,761,559	78%	負ののれん	90,286	0.5%
有形固定資産	300,753	2%	負債の部合計	16,208,886	86%
無形固定資産	427,987	2%	株主資本	1,374,318	7%
のれん	250,196	1%	利益剰余金	1,231,034	6%
その他資産	1,263,916	7%	純資産の部合計	2,739,114	14%
資産の部合計	18,948,000	100%	負債・純資産の部合計	18,948,000	100%

MS&AD

資産の部	単位：百万円	百分率	負債・純資産の部	単位：百万円	百分率
現金及び預貯金	563,370	3%	保険契約準備金	13,111,219	90%
有価証券	12,710,203	75%	負ののれん		—
有形固定資産	484,272	3%	負債の部合計	14,592,316	86%
無形固定資産	179,609	1%	株主資本	1,138,144	7%
のれん	89,116	1%	利益剰余金	385,295	2%
その他資産	844,543	5%	純資産の部合計	2,285,832	14%
資産の部合計	16,878,148	100%	負債・純資産の部合計	16,878,148	100%

※貸借対照表の一部の項目のみを掲載しています。

収価格が企業の純資産よりも高い場合に、差額を無形の価値（信用、ブランドイメージなど）として会計上計上されるものである。逆に、買収価格が企業の純資産を下回る場合は「負ののれん」として資産ではなく負債として計上される。のれんは、毎年償却というかたちで費用化されるため減少していくが、貸借対照表に計上されている金額の内訳を検証することによって積極的な買収を近年行っているかどうかを見ることができる。MS&ADの保険契約準備金は負債の九〇%を占めているが、東京海上の保険契約準備金の割合は八四%と少ないことがわかる。

保険売上構成比（%）の比較（2013年度）

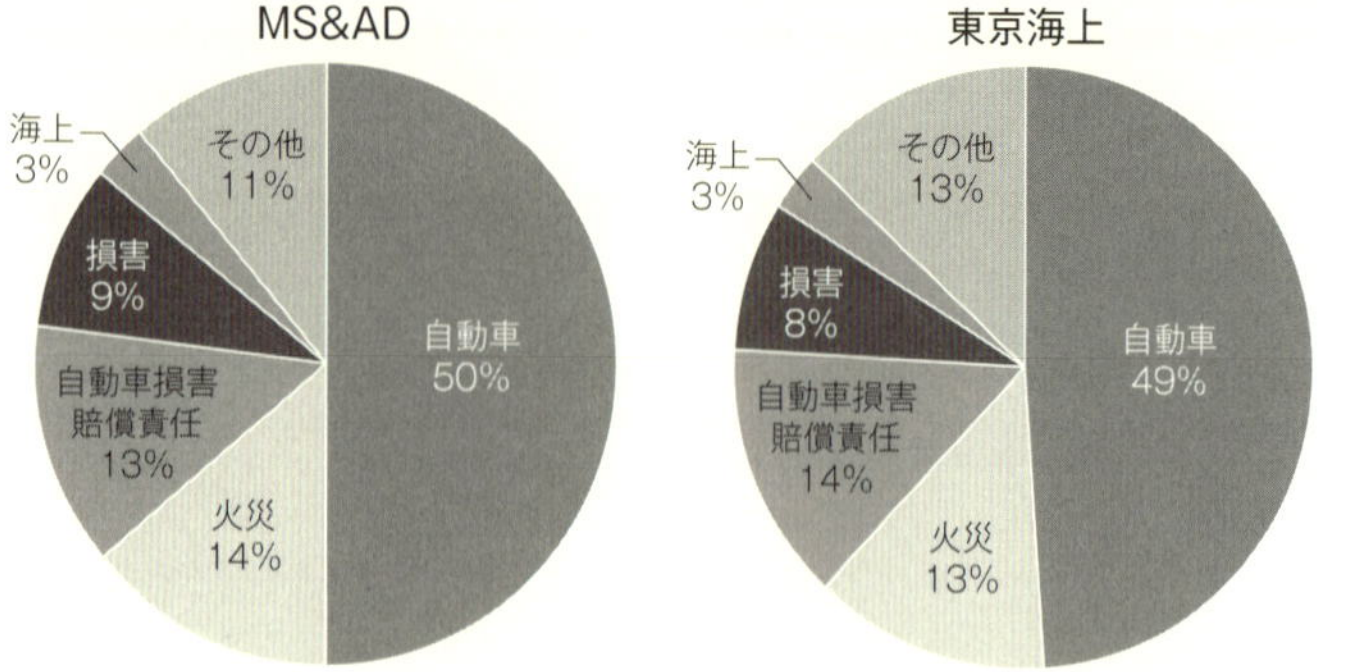

日本損害保険協会によると、二〇一四（平成二六）年の二月には大雪で業界全体で二五〇〇億円を超す保険金の支払いがあったが、損害保険事業は火災や地震など自然災害による影響を受けやすいため、海外事業や、生命保険事業などで地域間、事業間でリスクを分散し、影響を補い合う体制を作り上げている。また、MS&ADではマレーシアやインドネシアといった、アジアでの保険販売を伸ばしている。

二〇一四年の夏から秋にかけて、各社で自動車保険の値上げが実施された。これは、消費増税により売上の大部分を占める保険料には課税されない一方で、修理費などの保険金や保険代理店への手数料支払いなどといった支出が増加するため、キャッシュインとアウトの差による影響を補うための対応ともいわれている。この保険料の値上げについては、二年連続での実施となるが、値上げ幅については、3メガ損保のなかで東京海上日動の値上げ幅が最も小さく、各社の事業費率改善などの経営努力を反映したバラつきが生じつつある。

最後に、キャッシュ・フローの流れから両社の戦略の違いに迫ってみたい。キャッシュ・フローとは、資金の流れを表したもので、営業活動（本業）にかかわるもの（＝営業キャッシュ・フロー）、資産の購入、売却といった投資活動にかかわるもの（＝投資キャッシュ・フロー）、資金の借入、返済といった財務活動にかかわるも

直近5年のキャッシュ・フローの推移の比較

東京海上

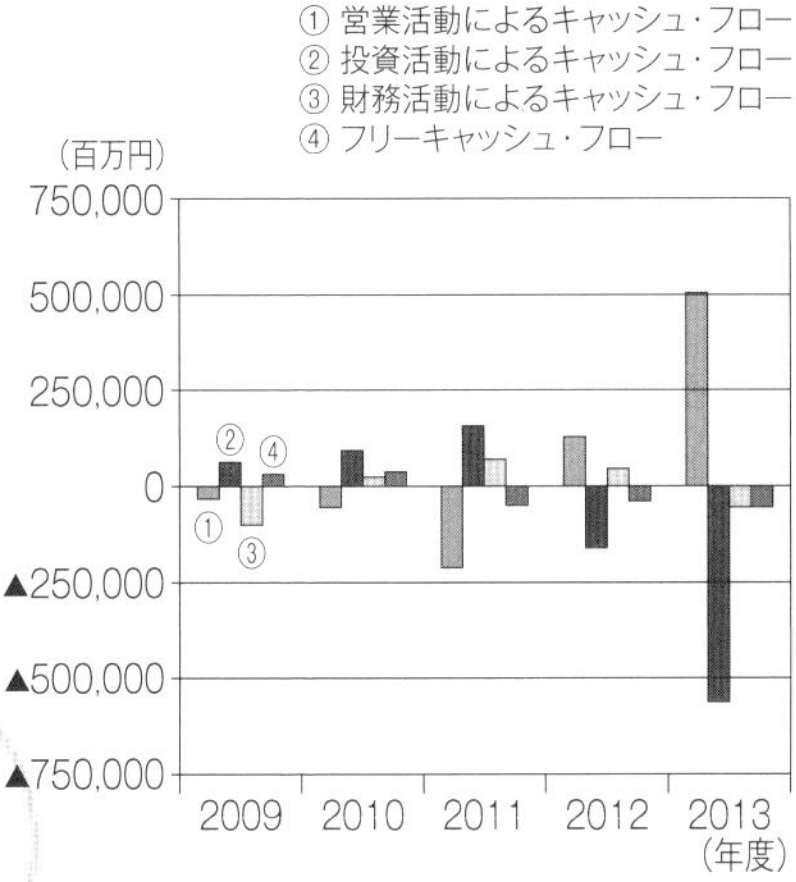

MS&AD

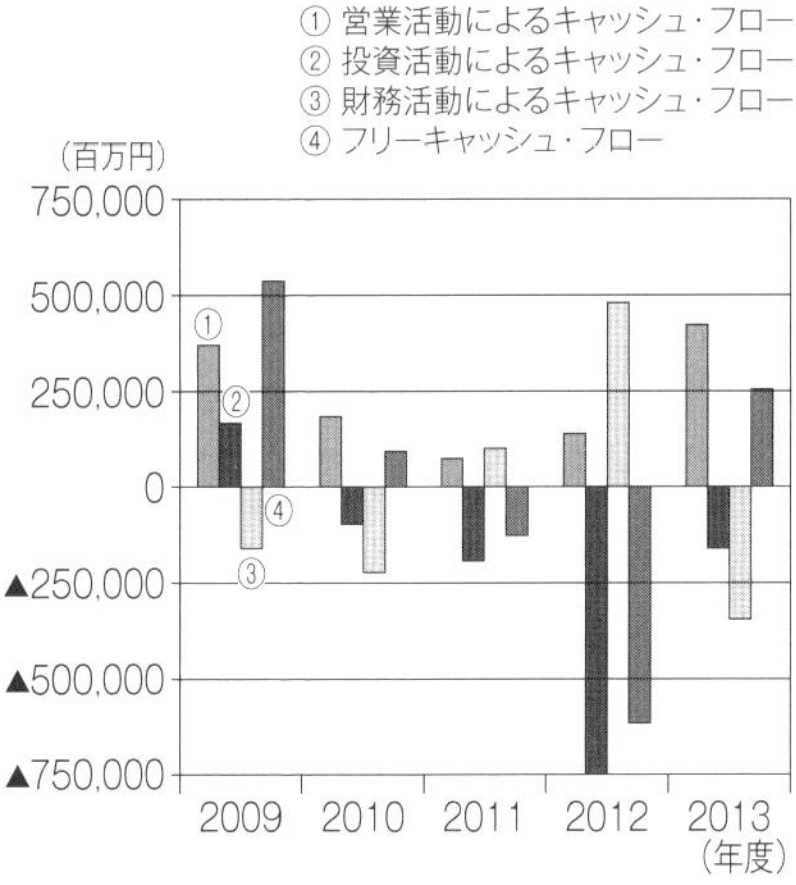

の（＝財務キャッシュ・フロー）の三種類に分けられる。

ＭＳ＆ＡＤは二〇一〇～二〇一二年度までの営業キャッシュ・フローがマイナスとなっていたが、二〇一三～二〇一四年にかけて巨額の投資を行い、営業キャッシュ・フローを大幅に改善させた。一方、東京海上はこの五年間、常に営業キャッシュ・フローがプラスになっている。これは、当期純利益が落ち込んだ二〇一一年度でもプラスのキャッシュ・フローを維持しており、キャッシュベースでの経営が安定しているといえる。業績が悪い時期であっても、本業でキャッシュがマイナスにならない堅実な経営と、二〇一二年度の思い切った投資により、キャッシュ・フローの観点から現在は安定期に入っているといえる。

これまで両社を様々な角度から比較してきたが、競争の激しい損保業界において、常に上位のシェアを維持し、結果＝利益を出す企業には、その原因・理由があり、明確な戦略とその実行度合いが結果として経営数値にも現れてくる。

東京海上が積極的な投資と堅実なキャッシュベースの経営、外的環境の変化に遅れず、内部環境の変化に着手する機動力のすべてを持ち合わせている、まるで経営の「見本のような」企業であることがおわかりいただけたであろう。

あとがき　東京海上ホールディングスの経営分析の総括

東京海上の直近一〇年の財務諸表から同社の現状を分析すると、保険料のみならず、資産運用についても、国内依存から海外投資の比率を向上させることにより、安定性とリスク分散を目指す戦略が見えてくる。損保会社は同時期の同一事故により巨額な支払いが発生する可能性があるため、リスクを分散させる必要がある。同社も収益母体を国内だけでなく海外へ拡げる戦略を取り、欧米市場については保険収益も上がり、安定収益が得られている状態となってきてはいるが、国内損保事業への依存度はまだ強い。今後の安定性と収益性を考えるうえでも、新興市場であるアジア圏への取り組みが、今後の課題でもあり、チャンスとなる分野になるだろう。

国内事業は利益率が海外事業と比べると低く、さらに改善の余地がある。国内景気は緩やかな回復基調にあるものの、依然として厳しい状況が続いており、今後も国内事業の保険料の伸びは厳しい状態にあるといえる。さらに、国内保険部門の利益率を高めることも重要となってくる。ＩＴ技術の発展により、代理店の営業担当者の役割は少しずつではあるがＩＴ技術によって侵食されつつある。

しかしながら、東京海上にとって代理店を通じた「対面販売」は、同社が長きにわたり構築してきた強固な販売網チャネルや「超保険」などの保険商品をみると、生損保一体の提案力が他社との差別化となり、同社にとって最大の強みとなる。例えば、自動車保険の更新時には生命保険やその他保険との組み合わせを顧客に提案することができる。グループ内にはダイレクト損保も有しているが、グループ全体では代理店を通じた対面販売が今後も主流となると予想される。

最後になるが、現中期経営計画では今後の東京海上グループは、国内損保、国内生保、海外事業の三本柱への変化を遂げるとの計画が示されている。国内事業のさらなる強固な地盤づくりと海外の新たな市場への挑戦を続ける東京海上の経営のあり方は、市場が縮小する日本において、古い慣習にとらわれず多角化、グローバル化を推進するという「変化を恐れない経営」を私たちに示してくれることだろう。

送信先番号 **FAX：03-3264-8832** 出版文化社

10名様に図書カード（1000円）を贈呈

リーディング・カンパニーシリーズ

『東京海上ホールディングス』 読者FAXアンケート

本書をお買いあげいただき、まことにありがとうございます。

本アンケートは、今後の出版活動の参考とさせていただきますので、ぜひ、本書のご感想、ご意見を FAX にて上記番号までお寄せ下さい。お寄せいただいた方の中から抽選で 10 名様に図書カード（1000 円）を贈呈させていただきます（平成 28 年 6 月末日締め切り）。

なお、下記の URL 及び右記の QR コードからもアンケートをご記入いただけます。

http://www.shuppanbunka.com/q/

■ お買いあげいただいた日 〔　　年　　月　　日頃〕

■ お買いあげいただいた書店名 〔　　〕

■ 定期購読されている新聞・雑誌名〔　　〕

■ 本書を何でお知りになられましたか？

1　広告を見て　2　書店店頭で実物を見て　3　人に勧められて
4　インターネットで　5　その他〔　　　　　　　　〕

■ 本書のご購入動機は？

■ 本書についてのご感想をお聞かせ下さい。

■ いま、あなたが一番関心のある企業、人物、事象をお聞かせ下さい。

■ 当社新刊情報を希望されますか。（E-mail にて送付）

1　要　　2　不要

お名前　　　　　　　　　　年齢　　歳

ご住所 〒

電話　（　　　）　　　FAX　（　　　）

E-mail

ご職業　会社員（　　業界）・公務員・教員・自営業・主婦・学生・フリーター・他（　　）

ご記入ありがとうございました。　　　出版文化社

chapter 4

第4章

東京海上グループの海外戦略

創業年の1879年から海外に進出している東京海上。
世界の保険市場でも、長きにわたって
「TOKIO MARINE」の名で広く知られている。
近年は積極的なM&Aを展開し、同社の海外事業は
国内の損保・生保事業と肩を並べる主力事業に成長。
本章では、まさに日本を代表するグローバル企業・
東京海上グループの海外戦略に迫る。

野崎 稚恵

海外事業展開で他の2グループを大きく引き離す

少子高齢化と人口減少社会の到来により、損保業界においても近い将来、市場の縮小が懸念される。一九九六（平成八）年以降、自動車の新車販売台数は減少傾向にあり、国内市場における経済成長の鈍化が、自動車保険や自賠責保険が主力商品である損保会社に大きな影響をおよぼしかねない。

こうした状況をふまえ、3メガ損保が近年力を注いでいるのが海外保険事業である。グローバルに事業活動範囲を拡げていくことで、新興市場を中心とする海外市場の成長性の取り込み、事業ポートフォリオの分散による収益の安定化などが期待できるためである。

東京海上グループ（以下「東京海上」）は二〇世紀の末頃から競合他社に先がけ海外事業を拡大してきた。

そこで、東京海上の海外保険事業の修正利益の推移とグループ全体に占める割合を見てみよう（図1）。二〇〇三（平成一五）年度の海外事業の修正利益は四二億円で、グループ全体利益の四％にすぎなかったが、二〇〇七（平成一九）年度には、三〇〇億円で二一％、そして二〇一三（平成二五）年度には、一三六二億円で、実に

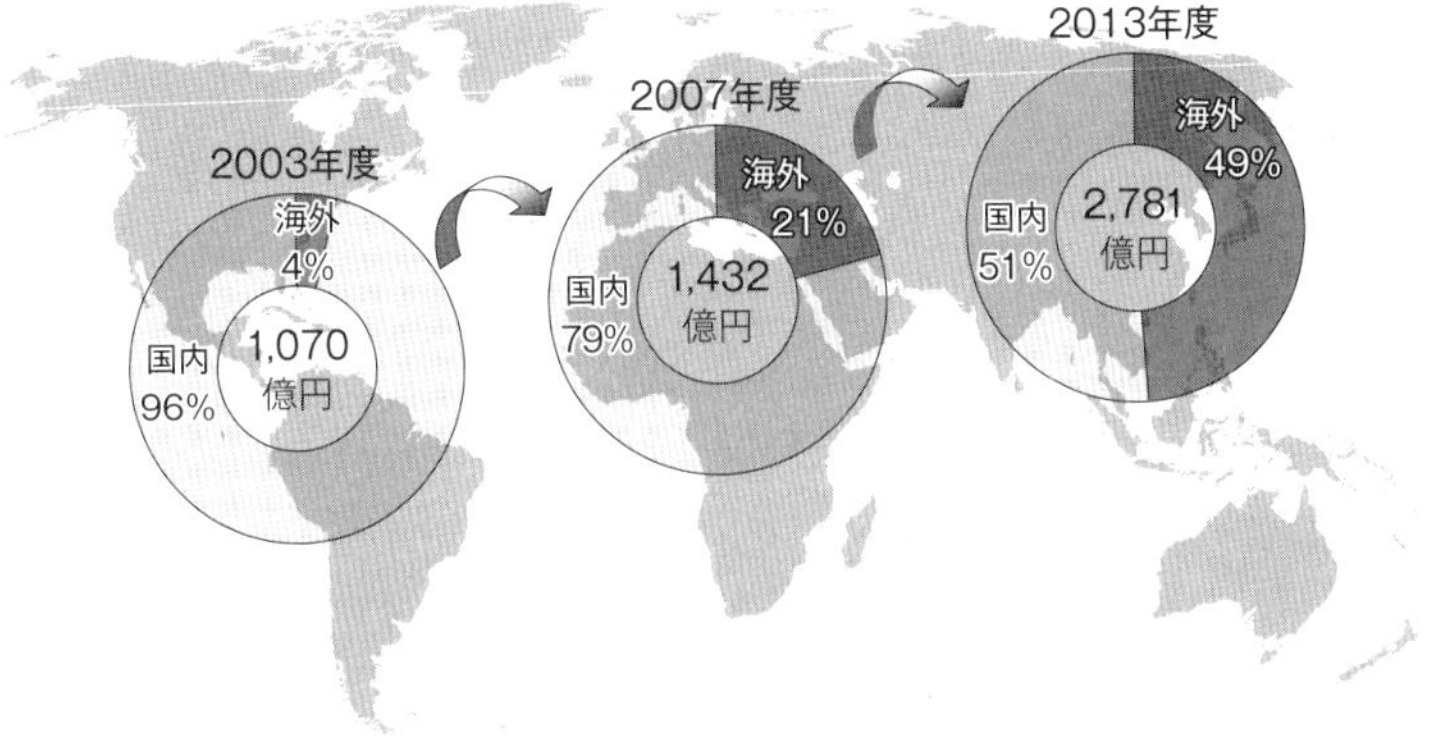

図1　東京海上の海外保険事業における修正利益の推移とグループ全体に占める割合

グループ利益の四九％を占めるまでに成長した。同年度のＭＳ＆ＡＤホールディングスの海外事業利益が二二〇億円、損保ジャパン日本興亜ホールディングスが一一五億円だったことと比較しても、海外事業において東京海上が二社と一線を画していることがわかる。

東京海上グループの海外事業の歴史

東京海上保険（東京海上日動火災保険の前身）が、日本で最初の損害保険会社として設立されたのは一八七九（明治一二）年のことであった。同年、釜山・香港・上海に進出し、翌年にはニューヨーク・パリ・ロンドンでの営業を開始。創業当初は貨物保険、船舶保険といった海上保険を展開し、一八九一（明治二四）年下半期には海外での船舶保険料収入が国内の保険料収入を上回るなど、グローバルな物流を支えていた。

その後、日本が著しい経済発展を遂げるにつれ、国内における船舶、貨物、火災、自動車といった保険販売が急速に伸び、国内事業が保険会社の売上の多くを占めるようになっていく。そして第二次世界大戦により、海外事業から一時撤退せざるをえなかったが、終戦後日系企業の海外進出にともない、一九五〇（昭和二五）年、ロンドン市場での取引を再開。さらに一九五六（昭和三一）年には、米国、欧州での元受営業が再開され、次第に海外でのネットワークが拡大していった。

時を経て一九八〇（昭和五五）年には、外国の保険会社としてははじめて中国・北京に駐在員事務所を開設した。

さらに、海外での事業分野においても、日系企業のリスク引受けから、海外の現地企業向け保険および現地の個人向け保険へと拡大・積極化していった。

二〇〇〇（平成一二）～二〇〇四（平成一六）年にかけて、再保険事業の開始、東南アジアや中国、台湾といった新興市場でのM&Aを通じて、ローカルビジネスの拡大を図っていく。具体的には、まず二〇〇〇年に、格付・資本など、自社の強みを活用できる再保険事業をバミューダに自前で立ち上げ、非日系ビジネスへの進出を強化する。二〇〇一（平成一三）年のタイでの買収を皮切りに小規模案件を積み重ねるとともに、二〇〇二（平成一四）年には、シンガポールに中間持株会社（現在の Tokio Marine Asia）を設立した。

二〇〇五（平成一七）年、ブラジル損保「レアルセグロス社」の一〇〇％株式とブラジル生保「レアルヴィダ社」の五〇％株式を合計約四三九億円で買収するなど中南米でも事業拡大を図っていく。その後、二〇〇七年にはシンガポールとマレーシアで生損保事業を展開している「アジアジェネラルホールディングス社」を約四四六億円で買収。新興国の成長市場に積極的に進出することで、競合他社に先んじて現地でのリーディングポジションを獲得していった。

海外事業企画部を立ち上げ、海外展開が加速

二〇〇七年七月、本格的な海外事業の拡大に向け、東京海上ホールディングスに海外事業企画部が創設された。従来は、東京海上日動に国際部がある一方で、M＆A機能は持株会社のホールディングス内にあり、また、再保険事業は商品開発部などさらに別の部署が管轄していた。このように複数の部門がそれぞれ海外事業を推進していたため、統一的な方針にもとづいて海外事業を推進していく必要性を感じ

ていた。

そこで、分散されていた海外事業の統括機能を海外事業企画部に一元化したのである。これにより、企画・立案・管理まで海外戦略を一部門で効率的・効果的に推進していくことが可能となった。

海外事業企画部の創設以降、東京海上の海外事業の成長がさらに加速する。アジア市場で内部成長とM&Aを組み合わせて、東南アジアなど新興国での成長を取り込むばかりでなく、再保険事業で培った欧米非日系事業の経験を活かし、北米を中心とした先進国市場での事業拡大を図ることを目的とし、欧米においても大型のM&Aを実行していった。

二〇〇八（平成二〇）年三月、英国の保険市場ロイズでトップクラスの引受規模を持つ「キルン社」を九五〇億円で買収し、欧州事業の基盤を固める。さらに同年、米国において、学校や病院といった非営利団体などに特化した保険商品の販売に強い、中堅損保「フィラデルフィア・コンソリデイティッド社」を四七一五億円で買収した。二〇一一（平成二三）年には、米ハワイ州最古の損保「ファースト・インシュランス・カンパニー・オブ・ハワイ社」への出資比率を約一二九億円で五〇％から一〇〇％に引き上げ、完全子会社化し、翌二〇一二（平成二四）年五月には、米

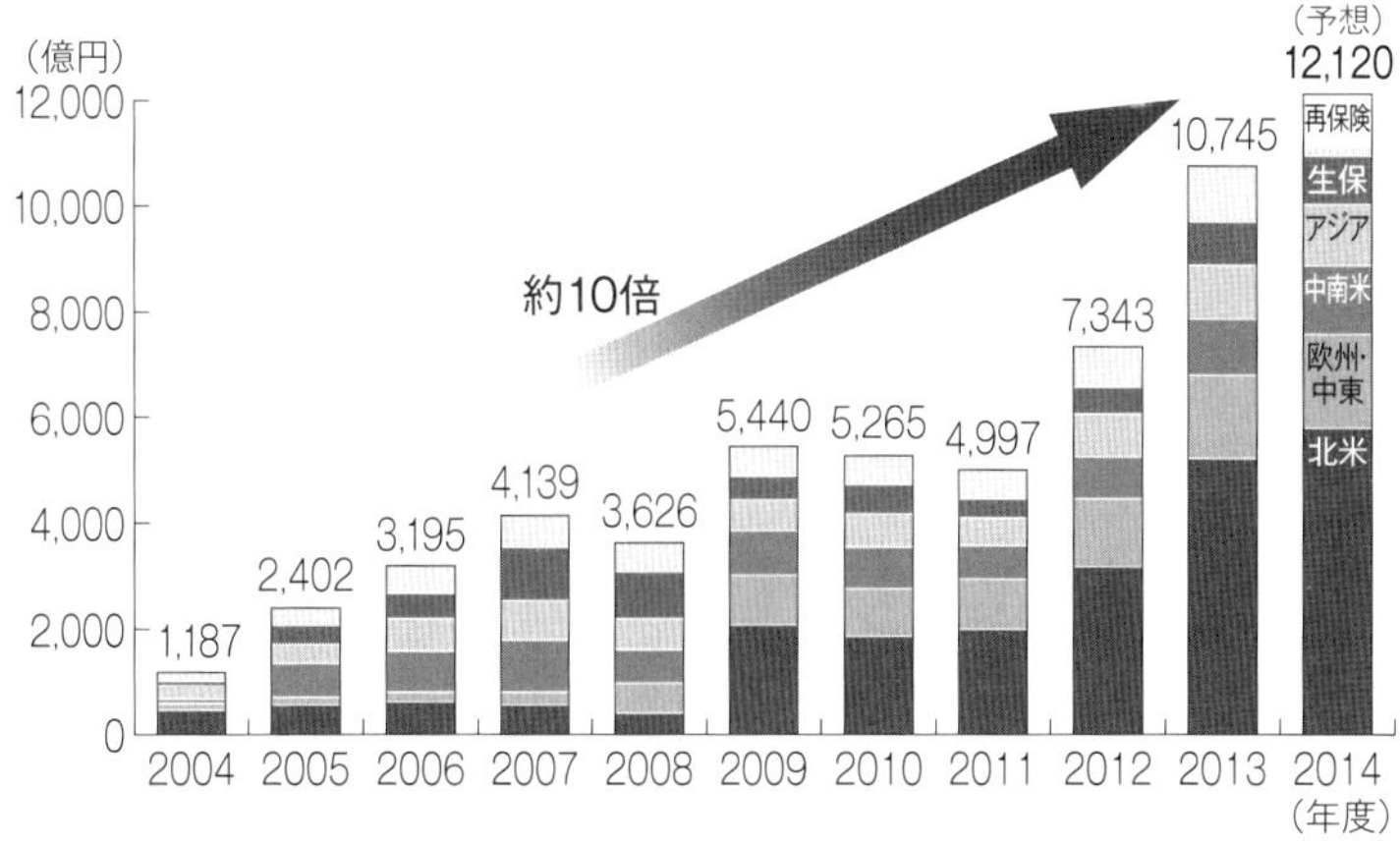

図２　東京海上の海外保険事業における収入保険料の推移

国「デルファイ・フィナンシャル・グループ社」を二一五〇億円で買収し、就業不能保障保険、団体生命保険などに強い生保「リライアンス・スタンダード社」、労災特約再保険などに強い損保「セーフティ・ナショナル社」を傘下に収めた。フィラデルフィア社やデルファイ社の買収は、現地米国でも話題となり「TOKIO MARINE」の名を知らしめた。また、フィラデルフィア社の買収金額は、当時日本の金融機関による外資系企業の買収では最大規模であった。

東京海上の海外保険事業は、成長性・収益性・健全性の高い企業を厳選してM&Aを実行した結果、強固なアンダーライティング力、販売チャネルとの強力な信頼関係、そして資産運用のエキスパティーズ

（専門的技術）といった各社の強みとのシナジー効果の発揮により、好業績を実現している。なかでもキルン社、フィラデルフィア社、デルファイ社の貢献度は高く、二〇一三年度の海外事業の収益一三九六億円のうち、約三分の二をこの三社が占めている。現在では、北米、欧州、アジア、中東の四拠点に地域統括会社（北米…Tokio Marine North America／欧州…Tokio Marine Kiln／アジア…Tokio Marine Asia／中東…Tokio Marine Middle East）を設置し、市場のニーズに即し、各地域・事業の強みを生かした成長戦略を推進している。また、海外再保険事業においては、スイスへ本社を移転したうえで、欧・米・オセアニアにわたる事業を展開している。

東京海上は新興市場においても着実に地盤を固めつつある。アジア損保事業においては日系企業ビジネスとローカルビジネスの双方での収益成長の加速を、アジア生保事業では販売チャネルの整備・推進によって持続的な事業拡大を目指している。中南米損保においては、自動車ビジネスを中心とするリテールでの安定した事業拡大に取り組んでいる。

新興国で保険事業を展開するうえでの障壁

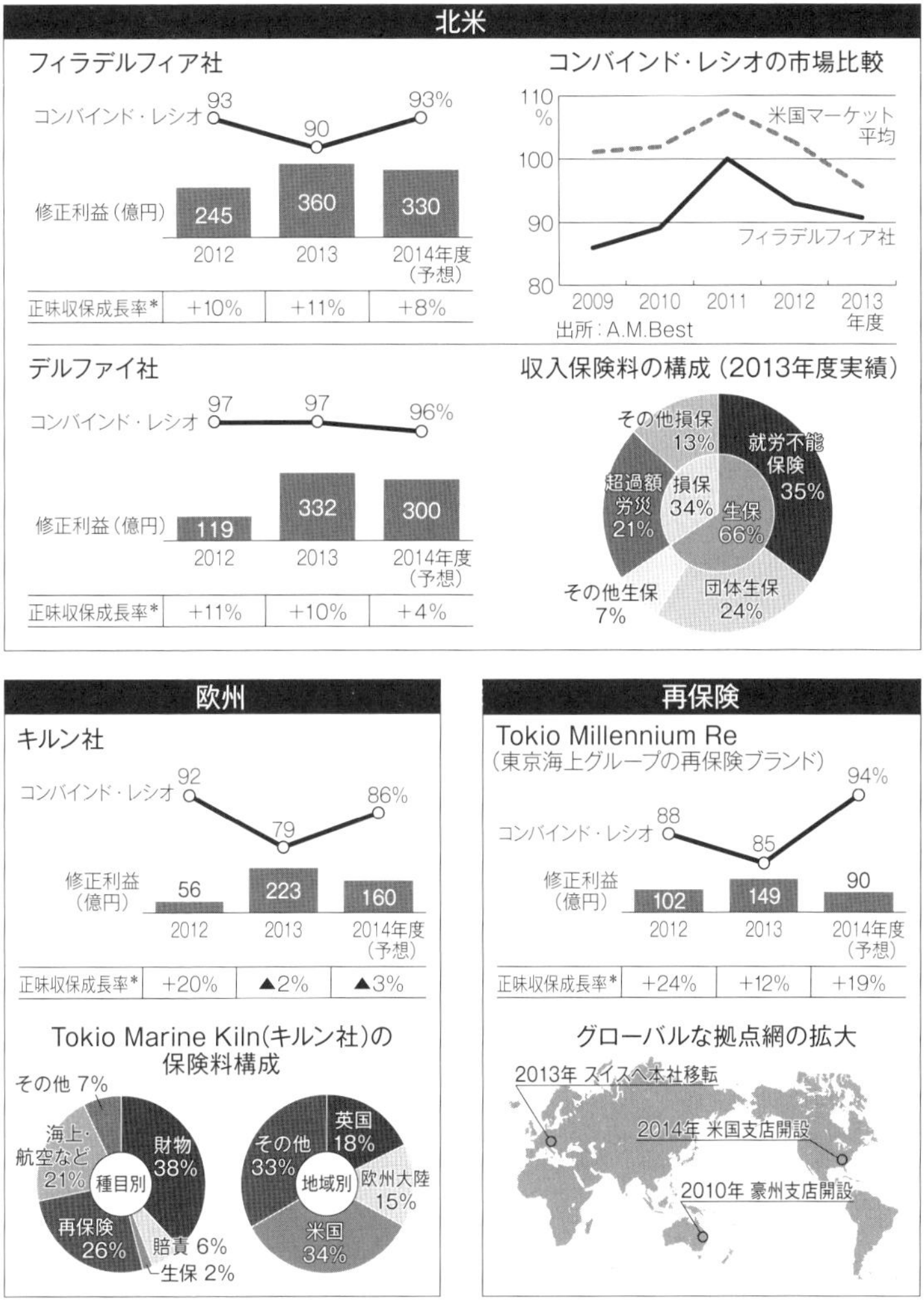
北米
フィラデルフィア社
コンバインド・レシオ
93
90
93%
修正利益（億円）
245
360
330
2012
2013
2014年度（予想）
正味収保成長率*
+10%
+11%
+8%
コンバインド・レシオの市場比較
110 %
100
90
80
米国マーケット平均
フィラデルフィア社
2009
2010
2011
2012
2013年度
出所：A.M.Best
デルファイ社
コンバインド・レシオ
97
97
96%
修正利益（億円）
119
332
300
2012
2013
2014年度（予想）
正味収保成長率*
+11%
+10%
+4%
収入保険料の構成（2013年度実績）
その他損保 13%
就労不能保険 35%
超過額労災 21%
損保 34%
生保 66%
その他生保 7%
団体生保 24%
欧州
キルン社
コンバインド・レシオ
92
79
86%
修正利益（億円）
56
223
160
2012
2013
2014年度（予想）
正味収保成長率*
+20%
▲2%
▲3%
Tokio Marine Kiln（キルン社）の保険料構成
その他 7%
海上・航空など 21%
財物 38%
種目別
再保険 26%
賠責 6%
生保 2%
その他 33%
英国 18%
地域別
欧州大陸 15%
米国 34%
再保険
Tokio Millennium Re
（東京海上グループの再保険ブランド）
コンバインド・レシオ
88
85
94%
修正利益（億円）
102
149
90
2012
2013
2014年度（予想）
正味収保成長率*
+24%
+12%
+19%
グローバルな拠点網の拡大
2013年 スイスへ本社移転
2014年 米国支店開設
2010年 豪州支店開設

*適用為替レートの差異による影響を除くベース

図3　先進国における成長展開

中長期的な成長率という観点では、欧米などの先進国市場と比べて、アジアを中心とした新興市場に成長余力があるのは間違いない。欧米市場と比較すればマーケット自体は小さいが、先進国の過去の成長率が多くても四～五％であるのに対し、アジアでは一三・一四％、その他の地域でも年平均約一〇％の成長率がある。中国やインドでは、保険市場規模が飛躍的に拡大し、将来的に先進国の水準に達する見込みとされている。中間所得層の急増にともない、自動車の購入をはじめ消費の伸びが目覚ましく、自動車保険への加入や個人金融の伸びも期待される。

だが、市場や事業展開におけるルールが整備された欧米先進国に対し、アジアをはじめとした新興国のなかには、インド・マレーシアに代表される外国資本の出資制限をはじめ次のような規則の存在や金融インフラが未整備であることなど保険事業を展開していくうえでの障壁も少なくない。

■中国

中国では省ごとに支店設置の認可を取得する必要があるが、外国資本の保険会社は、中国国内資本による保険会社と比べて認可の取得に時間がかかる。

■インド

代理店手数料に関するルールが形骸化していることが、手数料競争につながり、収益改善の足かせとなっている。

■マレーシア

自動車保険タリフ（※1）の適正化による収益改善順守義務のある自動車保険の保険料率について三〇年以上見直しが行われていない。そのため、リスクに見合った保険料を受け取ることができず、収益悪化の要因となっている。

また、高い車両盗難率が収益悪化の要因となっている。

■インドネシア

会社役員だけでなく、すべての駐在員を対象に「Fit & Proper Test」という適性検査が強化されている。

また、国内（再）保険会社に一定割合の出再を義務づけるなどの再規制強化が二〇一五年一月以降発効されている。

近年、TPP（環太平洋戦略的経済連携協定）や国際会計基準をはじめとして、世界的にルールや規制が共通化の方向に向かって進んでおり、先進国保険業界でも、欧州資本規制であるソルベンシーマージン比率などのように、規制強化の方向が明らかとなり、ガイドラインの整備が進められている。新興市場においても、今後、国際基準にもとづいたルールの高度化・厳格化は将来的には進められていくだろう。

このように保険事業展開における障壁や課題は数多く存在するものの、徐々に規制緩和も進むだろう。例えばインドでは、外資系企業の出資比率が現行の二六％から四九％に緩和される見通しである。

東京海上は、成長の機会を求めてインドネシア、タイ、インドなどの人口増加が見込まれる国での事業展開を進めているが、自動車賠償責任保険制度の整備、インデックス型保険の普及促進などによるインフラ整備を官民一体となって行うなど、東京海上がグローバルに蓄積した知見を活かすことで保険市場の成熟度を高めることも期待されている。

東京海上グループのM＆A戦略

中国やインドなど成長力を取り込むため、アジア諸国企業への積極的な買収は、業績にプラスに作用する反面、強い外資規制やガバナンス面での未成熟など、不安要素もある。これに対し、欧米企業の買収には高額を要するが、東京海上の場合、いずれもデューデリジェンス（※2）をしっかりと行い、パフォーマンスの良い企業を厳選したうえで買収しているため、すぐにグループ全体の収益に貢献している。競合他社のMS&ADや損保ジャパン日本興亜に先んじて、多くの買収を行っていたことは、他社との対比でアドバンテージとなっている。

東京海上の海外子会社の持ち株比率をみると、大宗の子会社でマジョリティを取得している。海外の保険会社を傘下に持っている理由は事業投資目的であるため、マジョリティを持ち経営権を確保することを基本方針としているためだ。ただし、先に述べたように国によっては出資規制があり、外資企業は四九％、あるいは二六％までしか持てないケースもある。

また、パートナー企業と組んだほうが事業の立ち上げがスムーズにいく場合がある。販売網をゼロから立ち上げていくのは人も時間もお金もかかる。すでに販売網を持っている会社、例えば銀行とパートナーシップを結ぶことで銀行の窓口で保険を販売できるようになる。保険のノウハウやエクスパティーズを保険会社から提供し、パートナーとうまくジョイントベンチャーを組むというかたちで、保険ビジネスを立ち上げていくことも有効である。

このように、出資規制上、あるいは戦略的にパートナーと組んだほうがうまくいくだろうと想定される場合には、必ずしも経営権を確保することなく、持ち株比率を考えていくことも選択肢のひとつとなる。今後も東京海上はこれまでと同様に、環境や状況に応じた方法で現地にビジネスをしっかりと根づかせることで、さらなる飛躍を遂げていくだろう。

内部成長とM&Aを組み合わせた成長戦略

内部成長においては、強固な財務基盤、リスク引受能力、海外ネットワーク、高格付といった東京海上の強みを活かした事業展開が可能である。新規参入が相対的に容易な再保険事業については、M&Aではなく主に内部成長で拡大するという戦略をとっている。

M&Aにおいては買収先の事業基盤を活用するため、規模と収益を短期間で拡大させることが可能となる。欧米・新興国における元受保険事業においては、買収先の内部成長と新たなM&Aを戦略の中心に据える。具体的には、欧米のコマーシャル部門、新興国の自動車や生保といったパーソナル部門で、M&Aをうまく活用しながら事業を拡大してきた。

今後の展開

東京海上は二〇一四年度（二〇一五年三月期）業績予想において、海外保険事業の正味収入保険料は各拠点における成長戦略を推進することにより一兆二二二〇億円を見込んでいる。修正利益予想額である二二〇〇億円は、各拠点における着実な内部成長にもとづくものだ。二〇一三年度は自然災害が少なかったことで大幅増益となったが、二〇一四年度は例年並みを見込むため、前年度の二三六九億円よりは少なくなっているものの、この要素を除けば前年度対比でプラスの成長を見込んでいる。

いまやメガ損保の収益の柱となっている海外事業において、優良な買収先をいち早くとらえようと、各社が世界に目を光らせている。ＢＲＩＣｓ（※3）、ＡＳＥＡＮといった底堅い成長市場に加え、今後は南米、アフリカといった新興国への展開も図られていくだろう。他方、世界の保険市場の約七割を占める欧米先進国市場で、持続的な利益拡大を実現するため、買収先企業を利用したさらなるＭ＆Ａの活発化も予測される。熾烈化する市場競争で成功する鍵は、買収先企業との連携と理念の共有をどこまで高められるかにある。

※1…損害保険業界では、保険料率表の意味を持つ業界用語

※2…M&Aなどの際に、投資対象の資産価値（収益性・リスクなど）を経営・財務・法務・環境などの観点から総合的に詳細に調査・分析すること

※3…ブラジル（Brazil）、ロシア（Russia）、インド（India）、中国（China）の四カ国の頭文字と複数形の「s」を並べた、台頭する新興大国の総称。また近年、「s」を大文字の「S」にし、南アフリカ（South Africa）を加えた五カ国の総称とされることもある

c h a p t e r 5

第5章

東京海上グループ企業紹介

東京海上グループは、
東京海上ホールディングスを持株保有会社として、
国内損害保険事業、国内生命保険事業、海外保険事業、
金融事業、一般事業を展開している。
ここでは、各事業を代表するグループ企業の特徴を
詳しく紹介していく。

東京海上グループ全体像

持株保有会社

東京海上ホールディングス株式会社

国内損害保険事業

東京海上日動火災保険株式会社	日新火災海上保険株式会社
イーデザイン損害保険株式会社	東京海上ミレア少額短期保険株式会社
東京海上ウエスト少額短期保険株式会社	

国内生命保険事業

東京海上日動あんしん生命保険株式会社

など

海外保険事業

フィラデルフィア・コンソリデイティッド・ホールディング・コーポレーション	
デルファイ・フィナンシャル・グループ	トウキョウ・マリン・キルン・グループ・リミテッド
トウキョウ・ミレニアム・リー・アーゲー	

など

金融事業

東京海上アセットマネジメント株式会社	東京海上不動産投資顧問株式会社
東京海上キャピタル株式会社	東京海上メザニン株式会社

など

一般事業

東京海上日動リスクコンサルティング株式会社	株式会社東京海上日動キャリアサービス
東京海上日動ファシリティーズ株式会社	東京海上日動メディカルサービス株式会社
東京海上日動サミュエル株式会社	東京海上日動ベターライフサービス株式会社
東京海上アシスタンス株式会社	東京海上日動あんしんコンサルティング株式会社
東京海上ビジネスサポート株式会社	

など

※2014年4月1日現在

持株保有会社

東京海上ホールディングス株式会社

設立日	2002年4月2日
資本金	1,500億円
正味収入保険料+生命保険料	3兆2,487億円（2013年度）
従業員数	426名（2014年3月31日現在）
代表者	永野 毅（取締役社長）
所在地	東京都千代田区丸の内1-2-1 東京海上日動ビル新館
URL	http://www.tokiomarinehd.com/
事業内容	子会社の経営管理およびそれに附帯する業務

東京海上ホールディングス株式会社の特徴

お客様に品質で選ばれ、成長し続けるグローバル保険グループを目指して

東京海上グループは、東京海上ホールディングスならびに世界に展開する子会社239社および関連会社24社より構成されており、損害保険事業、生命保険事業、金融・一般事業を幅広く展開している。

東京海上ホールディングスは、2002年4月2日、東京海上火災保険株式会社と日動火災海上保険株式会社によって共同で設立された、東京海上グループの保険持株会社であり、わが国初の生損保両事業を本格融合した上場持株会社である（設立当初の社名は「株式会社ミレアホールディングス」、2008年7月に「東京海上ホールディングス株式会社」へ商号変更）。

同社は東京海上グループ全体の経営管理を担う。グループ全体の企業価値の向上と世界トップクラスの保険グループを目指し、中長期的なグループ戦略の立案や収益性・成長性の高い分野への戦略的な経営資源の配分などを実施。グループ全体の事業の変革とグループ各社間のシナジー効果を追求している。

リスクベース経営（ERM）の取り組みを推進

東京海上グループでは、「どのようなリスクをどの程度まで取ってリターンを獲得するか」という経営の基本的な指針を明らかにすることを意図してリスクアペタイトフレームワークを設定し、このフレームワークを起点として事業計画を策定、資本配分を決定している。この一連の流れを「リスクベース経営（ERM）サイクル」と呼んでおり、このプロセスを通じて効果的かつ効率的な資本配分を行い、財務の健全性の確保を果たすとともに、収益の持続的拡大と資本効率の向上を目指している。

東京海上ホールディングスはグループ各社から提出された事業計画を取りまとめ、財務の健全性と収益性のバランスを維持しながら持続的な成長を実現できる内容となっているかというグループ全体視点にもとづき検証。そのうえで事業計画や各事業分野への資本配分を決定している。

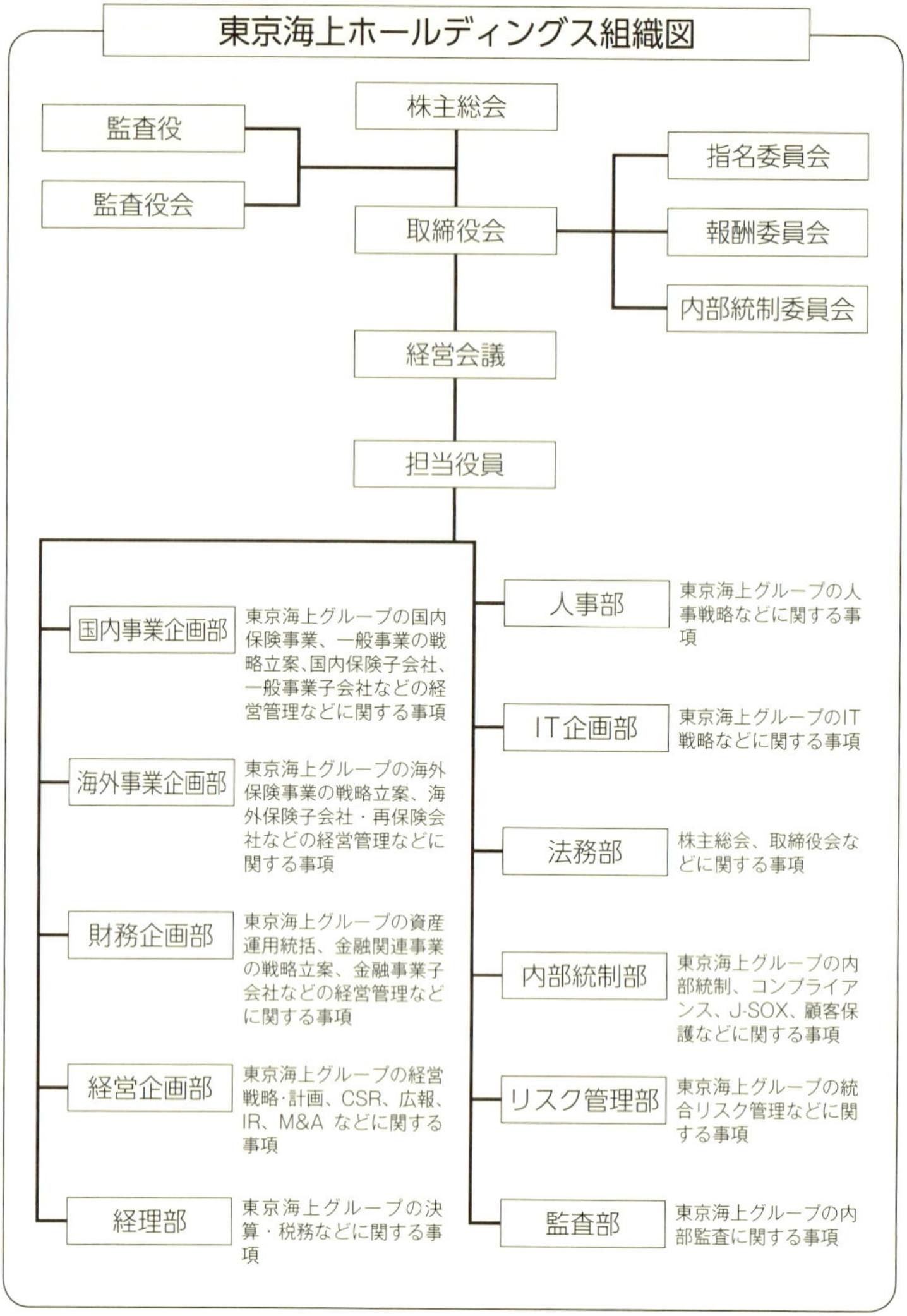
東京海上ホールディングス組織図
株主総会
監査役
監査役会
取締役会
指名委員会
報酬委員会
内部統制委員会
経営会議
担当役員
国内事業企画部
東京海上グループの国内保険事業、一般事業の戦略立案、国内保険子会社、一般事業子会社などの経営管理などに関する事項
海外事業企画部
東京海上グループの海外保険事業の戦略立案、海外保険子会社・再保険会社などの経営管理などに関する事項
財務企画部
東京海上グループの資産運用統括、金融関連事業の戦略立案、金融事業子会社などの経営管理などに関する事項
経営企画部
東京海上グループの経営戦略·計画、CSR、広報、IR、M&A などに関する事項
経理部
東京海上グループの決算・税務などに関する事項
人事部
東京海上グループの人事戦略などに関する事項
IT企画部
東京海上グループのIT戦略などに関する事項
法務部
株主総会、取締役会などに関する事項
内部統制部
東京海上グループの内部統制、コンプライアンス、J-SOX、顧客保護などに関する事項
リスク管理部
東京海上グループの統合リスク管理などに関する事項
監査部
東京海上グループの内部監査に関する事項

※2014年7月1日現在

東京海上日動火災保険株式会社

創業日	1879年8月1日
資本金	1,019億円
正味収入保険料	1兆9,663億円（2013年度）
従業員数	17,217名（2014年3月31日現在）
代表者	永野 毅（取締役社長）
所在地	東京都千代田区丸の内1-2-1
URL	http://www.tokiomarine-nichido.co.jp/
事業内容	1. 損害保険業 (1) 保険引受　火災保険、海上保険、傷害保険、自動車保険、自動車損害賠償責任保険、その他の保険、以上各種保険の再保険 (2) 資産の運用 2. 業務の代理・事務の代行 (1) 損害保険業に係る業務の代理・事務の代行 (2) 生命保険業に係る業務の代理・事務の代行 3. 確定拠出年金の運営管理業務 4. 自動車損害賠償保障事業委託業務

東京海上日動火災保険株式会社の特徴

国内損保業界におけるリーディング・カンパニー

東京海上日動火災保険は、日本初の保険会社として1879年に創業した損害保険業界のリーディング・カンパニーである。全国46,658店（2014年3月末現在）の代理店を通して、豊富な商品ラインアップと多様なサービスメニューから、顧客のニーズに最適な保険商品・サービスを届けている。

同社は、健全な財務体質、高い専門性に裏づけられた商品・サービス開発力やリスクコンサルティング力、また、充実した代理店網や損害サービス網、世界に広がるネットワークなどを強みとし、顧客の立場に立った適性な業務運営を行い、「お客様に品質をお届けし、選ばれ、成長し続ける会社」を目指している。

タブレット型端末などで顧客との接点強化

同社では自動車保険を中心とした収益性の改善とともに、顧客との接点強化に取り組んでいる。「超保険（p192参照）」や「超ビジネス保険（p195参照）」のコンサルティング販売、タブレット型端末などを活用した契約手続きの導入、顧客向けスマートフォンアプリの開発・提供などを通じ、顧客の利便性向上に努めている。

タブレット端末を活用したコンサルティング風景

日新火災海上保険株式会社

創業日	1908年6月10日
資本金	203億円（2014年7月1日現在）
正味収入保険料	1,372億円（2013年度）
総資産	4,183億円
従業員数	2,495名（2014年3月31日現在）
代表者	村島 雅人（取締役社長）
本社所在地	東京都千代田区神田駿河台2-3
URL	http://www.nisshinfire.co.jp/
事業内容	日本国内における損害保険業

日新火災海上保険株式会社の特徴

最も身近で信頼されるリテール損害保険会社を目指して

日新火災は1908年に創業し、2006年9月から東京海上グループの一員となった損保会社で主に国内リテール分野を担っている。同社ではシンプルでわかりやすい保険商品（「お部屋を借りるときの保険」「ビジサポ」など）を開発し、全国の13,789店（2014年3月末現在）の代理店を通して提供している。また、顧客への商品案内時には「ご契約内容確認マップ」「事故体感ツール」など同社独自のツールを用いるなど、「最も身近で信頼されるリテール損害保険会社」を目指している。

＜日新火災の子会社＞

【保険関連事業】

日新火災インシュアランスサービス株式会社

設立日	1957年7月24日
資本金	2,000万円
所在地	東京都千代田区神田駿河台2-3
主な事業内容	保険代理業

ユニバーサルリスクソリューション株式会社

設立日	2000年4月11日
資本金	1,000万円
所在地	東京都千代田区神田駿河台2-3
主な事業内容	リスクコンサルタント業務

【事務代行等関連事業】

日新情報システム開発株式会社

設立日	1988年11月1日
資本金	2,000万円
所在地	埼玉県さいたま市浦和区上木崎2-7-5
主な事業内容	プログラム作成、ソフトウェア開発

日新火災総合サービス株式会社

設立日	1983年2月1日
資本金	1,000万円
所在地	東京都千代田区神田駿河台2-3
主な事業内容	荷造・印刷・製本・集配業務、付随設備保守管理業務など

イーデザイン損害保険株式会社

設立日	2009年1月26日 (イーデザイン損保設立準備株式会社として設立)
資本金	409億円（資本準備金を含む）
正味収入保険料	142億6,900万円（2013年度）
従業員数	150名（2014年3月31日現在）
代表者	桜井 洋二（取締役社長）
本社 所在地	東京都新宿区西新宿3-20-2 東京オペラシティビル
URL	http://www.edsp.co.jp/
事業内容	ダイレクト損害保険業

イーデザイン損害保険株式会社の特徴

「あなたにぴったりの確かな安心・安全を、リーズナブルに。」

イーデザイン損保は、東京海上グループとNTTグループが共同出資し、2009年6月に営業を開始したダイレクト損害保険会社。インターネットを日常生活で利用している顧客の「自分にぴったりの保険を見つけたい」という要望に応え、通販型自動車保険を提供している。2013年10月には東京に次ぐ2拠点目となるコールセンター「仙台お客さまサポートセンター」を開設し、電話による見積り、問い合わせに対応するコールセンター機能の一層の強化を図っている。

ネットを通じた利便性の追求

同社では、インターネットを活用した損害保険会社の特性を活かし、申込書を使わないインターネットでの契約手続きや証券e割（保険証券を発行せず、契約内容は契約者HPで確認してもらうことで保険料を500円割引）などの推進により、できるだけ紙資源を使わない、環境にやさしいビジネスモデルの構築に取り組んでいる。

また、契約者はスマートフォンを通じたインターネットから、事故の連絡や事故対応状況の確認、契約内容の変更・更新の手続きなどを利用できる。加入検討中の方でも、見積りから申込みまでの手続きをスマホで完結することが可能だ。

満足度ランキングNo.1

上記などの取り組みが評価され、価格.comの「2013年度自動車保険満足度ランキング・総合部門」にて、信頼感やサービス内容などで高い評価を受け、同社が2年連続で第1位に選出された。

さらに、自動車保険比較サイトの保険スクエアbang!が発表した「2013年度自動車保険・事故対応満足度ランキング」においても、事故発生時の初期対応、処理手順のスピード・的確さなど調査5項目すべてで同社が第1位となり、総合的な満足度でも2年連続の第1位を獲得するなど、顧客からの同社への満足度がいかに高いものであるかがわかる。

東京海上ミレア少額短期保険株式会社

設立日	2003年9月1日
資本金	8億9,583万円
従業員数	143名（2014年3月31日現在）
代表者	露口 泰介（取締役社長）
本社所在地	神奈川県横浜市西区みなとみらい2-2-1-1 横浜ランドマークタワー
URL	http://www.tmssi.co.jp/
事業内容	少額短期保険業

東京海上ミレア少額短期保険株式会社の特徴

賃貸住宅入居者のくらしをワイドにサポートする少額短期保険会社

東京海上ミレア少額短期保険は、賃貸住宅に入居になる顧客に対し、火災・盗難や水濡れ事故など生活上の様々な事故に対応する「お部屋の保険 ワイド」（賃貸入居者総合保険）を販売。業界最高水準の保障内容と、迅速かつ確実な保険金の支払サービスを通して“安心”と“信頼”を提供している。

「よこはまグッドバランス賞・ブロンズ賞」受賞

同社は、育児·介護などの両立支援の各種サポート制度や従業員のワーク・ライフ·バランス実現に向けた様々な取り組みを進めており、これが本社所在地である横浜市から評価され、2011年度から3年連続でよこはまグッドバランス賞·認定事業所として表彰を受け、3回目の受賞として栄えある「ブロンズ賞」を受賞した。

東京海上ウエスト少額短期保険株式会社

設立日	2014年4月1日
資本金	1億5,000万円
従業員数	－
代表者	定道 公正（取締役社長）
本社所在地	大阪府大阪市淀川区宮原4-1-9 新大阪フロントビル11F
URL	http://www.twssi.co.jp/
事業内容	少額短期保険業

会社の特徴

西日本エリアに特化して、賃貸住宅入居者のくらしをワイドにサポート

東京海上ウエスト少額短期保険は、名古屋、大阪、広島、福岡といった西日本エリアの顧客と代理店に対してこれまで以上にきめ細かな営業活動とサポートを行うべく、2014年4月に開業。同社では、東京海上ミレア少額短期保険と同様、「お部屋の保険 ワイド」を共同保険として販売している。

国内生命保険事業

東京海上日動あんしん生命保険株式会社

設立日	1996年8月6日
資本金	550億円
総資産	4兆7,109億円
従業員数	2,339名（2014年3月31日現在）
代表者	広瀬 伸一（取締役社長）
本社所在地	東京都千代田区丸の内1-2-1 東京海上日動ビル新館
URL	http://www.tmn-anshin.co.jp/
事業内容	日本国内における生命保険業

東京海上日動あんしん生命保険株式会社の特徴

プレミアムシリーズが好評

東京海上日動あんしん生命保険は、東京海上グループの中核事業の一つである国内生保事業の中心的役割を担う事業会社であり、開業以来、常に業界にイノベーションをもたらし中堅生保に成長している。

同社では2012年10月からスタートした「生存保障革命（※1）」をさらに広く浸透させ、生存保障商品を中心として独自性と付加価値の高い商品群である「プレミアムシリーズ」を今後も積極的に顧客に案内していく。2013年1月に発売した「メディカルKit R（p193参照）」は、2014年3月末までの累計販売件数が約26万件となり、国内生保事業の成長を牽引。2014年2月には、健康に不安のある顧客でも加入しやすい引受基準緩和型の「メディカルKit ラヴR（p193参照）」を発売。

さらに2013年10月にはペーパーレス申込手続き『らくらく手続き（※2）』を導入。「健康状態の告知に対する査定結果（引受条件）のその場提示」およびペーパーレス申込手続きにおいて専用端末を不要とする「マルチデバイス対応」を生命保険業界で初めて導入した（2013年4月時点同社調べ）。顧客は、各自の申込内容に合わせて必要な画面が表示されるため、1画面ごとにしっかりと確認することができる。

日本を代表する生命保険会社を目指して

同社は2014年10月にグループ企業の東京海上日動フィナンシャル生命と合併。市場の動向や顧客のニーズを踏まえ、「お客様を何としてもお守りする」という高い使命感と職業意識を持った保険のプロフェッショナルとして「お客様本位」に徹底的に拘り、保険金・給付金の支払いだけでなく、病気・介護・老後などの様々なリスクや悩み・不安から顧客やその家族をお守りするための商品・サービスの提供を通じて健全に成長を持続し、日本を代表する生命保険会社になることを目指している。

（※1）長寿化社会のなかでニーズが拡大している生存保障領域に対して、独自性と付加価値の高い商品の開発・投入を行い、潜在市場を開拓する取り組み。
（※2）代理店／取扱者による対面販売において、タブレット型端末などを活用して行うペーパーレス申込手続き。

トウキョウ・マリン・ノース・アメリカ

設立日 2011年6月29日
資本金 –
総資産 90億1,774万米ドル（連結ベース）（2013年12月31日現在）
従業員数 300名（2014年3月31日現在）
代表者 石井 一郎（CEO）
所在地 2711 Centerville Road, Suite 400 Wilmington DE 19808 USA（米国・デラウェア州・ウィルミントン）
事業内容 米国保険事業の統括

会社の特徴

米国保険事業を統括する地域統括会社

米国地域の統括会社で、東京海上グループの米国保険事業に係る成長戦略の企画・推進や統一的な経営管理方針の策定・推進を担っている。

2014年には、東京海上日動火災保険の旧米国支店が現法化とともに傘下に入り、より戦略的・機動的な事業展開を進めている。

フィラデルフィア・コンソリデイティッド・ホールディング・コーポレーション（フィラデルフィア社）

設立日 1981年7月6日
資本金 1,000米ドル
総資産 81億3,700万米ドル（2013年12月31日現在）
従業員数 1,516名（2014年3月31日現在）
代表者 ロバート・オリアリー（CEO）
所在地 One Bala Plaza, Suite 100, Bala Cynwyd, PA 19004 USA（米国・ペンシルバニア州・バラキンウィッド）
URL http://www.phly.com/（英語のみ）
事業内容 米国における損害保険業

会社の特徴

全米各拠点で事業展開する損害保険会社

フィラデルフィア社は、2008年12月に東京海上グループに加わった米国損害保険グループ。1962年の創業以来、卓越した商品開発力、規律あるオペレーション、多様な販売チャネルを活用したマーケティング力などを強みとし、一貫して高成長・高収益を実現しており、東京海上グループの強みとの相乗効果を図り、さらなる成長を目指している。

同社は、CSRを通じて持続可能な地域社会づくりに積極的に貢献しており、2014年12月、米国環境保護庁がグリーン電力購入を通じてグリーン電力市場の発展に貢献した先進企業を表彰する「2014 Green Power Leadership Award (Green Power Purchasing)」を受賞した。

デルファイ・フィナンシャル・グループ（デルファイ社）

設立日	1987年5月27日
資本金	1,108米ドル
総資産	119億4,800万米ドル（2013年12月31日現在）
従業員数	2,173名（2014年3月31日現在）
代表者	ロバート・ローゼンクランツ（CEO）
所在地	1105 North Market Street Suite 1230, P.O.Box 8985, Wilmington, DE 19899（米国・デラウェア州・ウィルミントン）
URL	http://www.delphifin.com/（英語のみ）
事業内容	生命保険・損害保険業

会社の特徴

従業員福利厚生関連保険に特化した米国の生損保兼営保険グループ

デルファイ社は、従業員福利厚生関連商品に特化した米国の生命保険・損害保険グループであり、2012 年 5 月、東京海上グループに加わった。

傘下の生保会社であるリライアンス・スタンダード社は 1907 年設立、損保会社であるセーフティ・ナショナル社は 1942 年設立という長い歴史・事業経験を有している。強固なアンダーライティング力、販売チャネルとの強力な信頼関係、資産運用のエキスパティーズなどを強みとし、他社を凌駕する高成長・高収益を実現している。

トウキョウ・マリン・キルン・グループ・リミテッド（キルン社）

設立日	1994年7月11日
資本金	101万英ポンド
総資産	13億5,800万英ポンド（2013年12月31日現在）
従業員数	372名（2014年3月31日現在）
代表者	チャールズ・フランクス（CEO）
所在地	20 Fenchurch Street London EC3M 3BY, UK（英国・ロンドン）
URL	http://www.tokiomarinekiln.com/（英語のみ）
事業内容	欧州保険事業全体の統括

会社の特徴

欧州保険事業を統括する地域統括会社

2014 年 1 月に、欧州の元受保険事業であるTokio Marine Europe Insurance Limited（現 Tokio Marine Kiln Insurance Llimited「TMKI 社」）と、英国ロイズ保険市場を代表する保険グループである Kiln Group Limited（現 Tokio Marine Kiln Syndicates Llimited「TMKS 社」）の再編を実施した。今後、欧州保険市場において統一的な戦略のもと、欧州保険事業のより一層の成長を目指している。

TMKS社概要

ロイズ市場のなかでも最大級の保険引受能力を有し、その卓越した引受エキスパティーズに定評がある保険グループ。

TMKI社概要

英国、ドイツ、フランスをはじめ、欧州各国において企業物件を中心とする元受保険事業を行っている保険会社。

トウキョウ・マリン・ミドル・イースト

設立日	2007年11月6日
資本金	100万米ドル
総資産	273万米ドル (2013年12月31日現在)
従業員数	8名 (2014年3月31日現在)
代表者	濱田 尚人 (CEO)
所在地	Office 6, Gate Village 5, Level 1, DIFC street, P.O.Box 506616, Dubai, UAE (アラブ首長国連邦・ドバイ)
事業内容	中東保険事業の統括

会社の特徴

中東地域のグループ会社への支援を推進する地域統括会社

トウキョウ・マリン・ミドル・イーストは、2007年11月に日本の保険会社として初めてアラブ首長国連邦ドバイ首長国のドバイ国際金融センターに設立された。今後も安定的な経済成長が見込まれる中東地域において、同社ではイスラム式保険 (タカフル) の商品開発など域内グループ会社へのサービス提供を通じて、東京海上グループの中東営業体制の強化を進めていく。

トウキョウ・マリン・セグラドーラ・エス・エー

設立日	1937年6月23日
資本金	4億9,606万ブラジルレアル
総資産	39億6,800万ブラジルレアル (2013年12月31日現在)
従業員数	1,555名 (2014年3月31日現在)
代表者	ホセ・アダルベルト・フェハーラ (CEO)
所在地	Rua Sampaio Viana, 44, CEP:04004-000 Sao Paulo, SP, Brazil (ブラジル・サンパウロ)
URL	http://www.tokiomarine.com.br/ (ポルトガル語のみ)
事業内容	ブラジルにおける生命保険・損害保険業

会社の特徴

リテール・企業分野でブラジルトップクラスの保険会社

トウキョウ・マリン・セグラドーラは、2005年7月に東京海上グループに加わったブラジルでリテール・企業分野においてトップクラスの保険会社である。

同社はBRICsの一角であるブラジルで、主力の自動車保険をはじめとする損保・生保商品を、ブラジル全土をカバーするブローカー・支店網を通じて販売している。

高品質の保険サービスを提供することで、顧客信頼度No.1、ならびにブラジルの保険業界最先端ビジネスモデルの確立を目指している。

トウキョウ・マリン・アジア・プライベート・リミテッド

設立日　1992年3月12日
資本金　5億8,697万シンガポールドル
5億4,200万タイバーツ
総資産　6億1,100万シンガポールドル
(2013年12月31日現在)
従業員数　75名（2014年3月31日現在）
代表者　アーサー・リー（CE）
所在地　20 McCallum Street, #13-01 Tokio Marine Centre, Singapore 069046（シンガポール・シンガポール）
URL　http://www.tokiomarineasia.com/（英語のみ）
事業内容　東京海上グループのアジア地域（日本、中国、韓国、台湾を除く）の統括

会社の特徴

アジア・パシフィック保険事業を統括する地域統括会社

トウキョウ・マリン・アジアは、アジア・パシフィック地域の統括会社として、9カ国に展開する現地法人などの経営管理やリスクマネジメントなどの技術支援を担うとともに、新規事業の企画・立案を行い、同地域の生損保事業の拡大および収益の成長に貢献している。

東京海上日動火災保険(中国)有限公司

設立日　1994年9月27日
(2008年7月22日現地法人化)
資本金　4億人民元
総資産　11億6,802万人民元
(2013年12月31日現在)
従業員数　283名（2014年3月31日現在）
代表者　大野 博仁（董事長兼総経理）
所在地　上海市浦東新区陸家嘴環路1000号
恒生銀行大廈29楼011室, 38楼, 41楼
URL　http://www.tokiomarine.com.cn/jp/
事業内容　上海市行政管轄区域内および支店の設立された省、自治区、直轄市内と経営範囲における、以下に掲げる保険業務
財産損害保険、賠償責任保険（自動車損害賠償責任保険を含む）、自動車保険、貨物保険など
短期健康保険、傷害保険
上述業務の再保険業務

会社の特徴

中国における外資系損保トップクラスの保険会社

東京海上グループの中国での歴史は、東京海上保険が設立された1879年に上海で海上貨物保険業務を開始したことに始まる。以来、日系損保のみならず外資系損保の先頭に立ち、中国業務の強化に努め、健全な経営を堅持し、事業成績や事業規模ともに外資系損保トップクラスである。

2008年に現地法人化して以降、2010年には広東支店、2011年には江蘇支店、そして2012年には北京支店を開業し支店網を拡大。顧客からの信頼をあらゆる事業活動の原点とし、さらなる高品質の保険商品やサービスの提供を目指している。

トウキョウ・ミレニアム・リー・アーゲー

設立日	2000年3月15日
資本金	2億2,767万スイスフラン
総資産	24億1,300万米ドル (2013年12月31日現在)
従業員数	100名 (2014年3月31日現在)
代表者	保科 龍彦 (CEO)
所在地	6th Floor Beethovenstrasse 33 CH-8002 Zurich Switzerland (スイス・チューリッヒ)
URL	http://www.tokiomillennium.com/ (英語のみ)
事業内容	世界各地における再保険事業

会社の特徴

世界各地で事業展開する再保険事業の中核会社

2000年3月に設立されたトウキョウ・ミレニアム・リー・アーゲーは、東京海上グループの再保険事業をリードする中核会社で、主として欧米の巨大自然災害リスクに関する再保険を引き受けることで東京海上グループのリスク分散を図っている。

収益重視の引受方針のもと、自然災害モデルなどを駆使した先進的なリスク管理により収益性の高いポートフォリオを構築し、安定的な収益貢献を実現してきた。2013年10月にはさらなる事業の発展を目指して本店をバミューダからスイス・チューリッヒに移転し、これにともない「トウキョウ・ミレニアム・リー・リミテッド」から社名変更を行った。また2014年には米国支店を開設するなど、グローバルな事業展開を進めている。

東京海上グループの海外ネットワーク

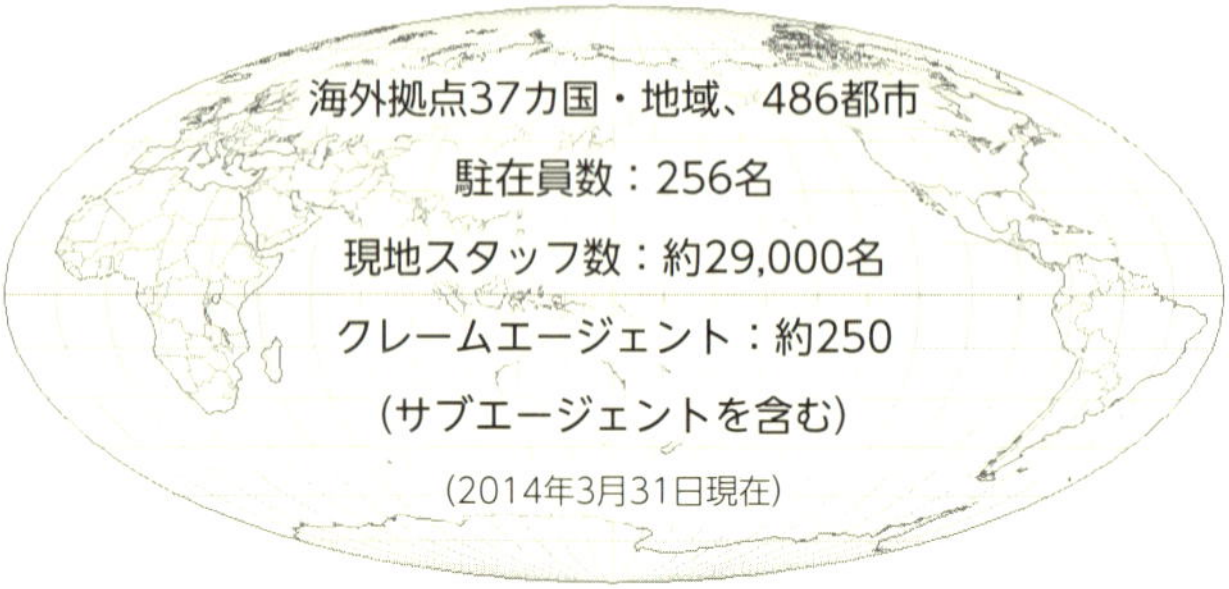

東京海上アセットマネジメント株式会社

設立日 1985年12月9日
資本金 20億円
従業員数 219名（2015年1月1日現在）
代表者 大場 昭義（代表取締役社長）
所在地 東京都千代田区丸の内1-3-1 東京銀行協会ビル
URL http://www.tokiomarineam.co.jp/
事業内容 投資顧問業・投資信託業

会社の特徴

グループの中核資産運用会社

創業以来、東京海上グループの中核資産運用会社として企業年金・公的年金などの運用受託、顧客（個人中心）の資産運用ニーズに対応した投信（窓販商品）の設定・運用、確定拠出年金向け投信の提供など、質の高い運用サービスの提供に努めている。

ニューヨーク、ロンドン、シンガポール、上海にも子会社・駐在員事務所を有し、グローバルな運用ニーズに幅広く対応。

「リッパー・ファンド・アワード・ジャパン2014」での「最優秀運用会社 総合部門」「最優秀ファンド賞」の受賞、株式会社格付投資情報センター（R&I社）主催の「R&Iファンド大賞 2014」での「投資信託／総合部門 外国債券総合」最優秀賞、「投資信託部門 国内債券」最優秀ファンド賞、「確定拠出年金部門 外国債券」優秀ファンド賞の受賞により同社への期待はさらに高まる。

東京海上不動産投資顧問株式会社

設立日 2003年2月26日
資本金 2億円
従業員数 約30名（2014年3月31日現在）
代表者 後藤 伸樹（代表取締役 兼 執行役員社長）
所在地 東京都港区東新橋2-4-1 サンマリーノ汐留7F
URL http://www.tokiomarine-pim.com/
事業内容 不動産ファンドを対象とした投資運用業、投資助言業および第二種金融商品取引業

会社の特徴

不動産証券化投資のパイオニア

東京海上火災保険の不動産投資部門を母体として、国内不動産証券化投資の黎明期にあたる2003年に設立された、東京海上グループの不動産投資顧問会社。長年蓄積してきた不動産に対する証券化ノウハウ、リスク分析力、マネジメント力を最大限に発揮し、機関投資家や年金基金向けの不動産投資ファンドの組成・運営受託などのアセットマネジメント事業を展開。

2014年に運営開始した私募REIT「東京海上プライベートリート投資法人」や、米国不動産投資アドバイザリーのタウンゼント・グループと共同で運営する「東京海上グローバルコア不動産ファンド」など、先進的な運用商品を提供している。今後も、投資家と市場に誠実さを貫く経営理念の下、不動産というアセットクラスに優れた投資機会とソリューションを提供し、不動産ならびに不動産ファイナンス市場の活性化に貢献していく。

東京海上キャピタル株式会社

設立日	1991年12月9日
資本金	4億円
従業員数	16名（2014年3月31日現在）
代表者	深沢 英昭（取締役社長）
所在地	東京都千代田区丸の内1-2-1 東京海上日動ビル新館6F
URL	http://www.tmcap.co.jp/
事業内容	バイアウト投資ファンド

会社の特徴

バイアウトファンドのパイオニア

東京海上キャピタル株式会社は、東京海上グループにおけるプライベート・エクイティ投資部門として、日本にバイアウトファンドが本格的に登場しはじめた1990年代後半からファンド運営を続け、同分野の先駆けとして投資事業に積極的に取り組み、経済環境の激変にもかかわらずこれまでに4つのファンドを通じて多様なバイアウトへの投資を行い安定した運用実績を上げている。

現在運営している「TMCAP2011投資事業有限責任組合」ファンドでは、大企業グループの企業再編にかかわるMBO（マネジメントバイアウト）や、オーナー企業の事業承継・事業拡張にかかわるバイアウトを主な投資対象として投資活動を行っている。

同社の投資チームにはM&Aなどファイナンスの専門知識と、多様な業界の知見を有する投資実績の豊富なプロフェショナルが集まっており、チーム全員が投資先企業の企業価値向上に向けて最大限のコミットをしている。

東京海上メザニン株式会社

設立日	2013年11月22日
資本金	3億円
従業員数	10名（2014年3月31日現在）
代表者	山藤 憲幸（代表取締役）
所在地	東京都千代田区3-6-4
URL	http://www.tmmz.co.jp/
事業内容	メザニンファンドの運営、管理

会社の特徴

創造性、革新性が魅力

東京海上メザニン株式会社は、2013年11月にメザニン・ファイナンスの専門運用会社として、東京海上日動火災保険株式会社の完全子会社として設立され、2014年1月より、第1号ファンドの資金調達ならびに投資活動を開始した。

東京海上グループは、国内のプライベート・エクイティ市場の黎明期より、資金需要者にLBOファイナンスを提供し、メザニン・ファイナンスを活用した資金提供にも先駆して取り組み、以降、市場の発展に継続的に尽力してきた。メザニン・ファイナンスは、創造性、革新性を発揮できる、魅力的な分野である。

同社は東京海上グループとして蓄積してきたノウハウを最大限生かしたファンドの投資活動を通じ、資金需要者の様々な資金ニーズに応えるとともに、ファンドの投資家に、ニッチゆえに稀有なリスク・リターンを提供するのみならず、日本の産業金融の一翼を担っているとの実感を共有できるよう、注力していく。

一般事業

東京海上日動リスクコンサルティング株式会社

設立日	1996年8月1日
資本金	1億円
総資産	23億円
従業員数	202名（2014年4月1日現在）
代表者	安田 成喜（代表取締役社長）
所在地	東京都千代田区丸の内1-2-1 東京海上日動ビル新館8F
URL	http://www.tokiorisk.co.jp/
事業内容	総合的なリスクマネジメント、事業継続計画（BCP）、火災爆発、自然災害、自動車事故削減、海外危機管理、コンプライアンス、製品安全、食品安全、環境等の各種リスク調査およびコンサルティング

東京海上日動リスクコンサルティング株式会社の特徴

企業のリスクを的確に解決するエキスパート集団

東京海上日動リスクコンサルティングは、一世紀余にわたる東京海上火災保険での貴重な経験と豊富な実績を母体に、1996年に誕生したコンサルティング会社である。

昨今、企業を取り巻くリスクは、国内外においてますます多様化・巨大化の様相を見せており、企業は様々なリスクへの事前と事後の適切な対応を求められている。

従来から企業は、交通事故・コンプライアンス違反・製造物責任・火災・爆発といったリスクに取り組んできた。さらにこれらに加えて、近年では、海外におけるテロリスクの増大・国境を越えて伝播する致死性の高い感染症・気候変動などによる世界各地での大規模自然災害の頻発・サイバー攻撃などの脅威が高まっており、企業は、経験したことのないような新たなリスクへの対応も迫られている。

リスクマネジメントにおける企業の良きパートナーを目指して

そこで同社では、実践的で効果の高いリスク対策を実施するために、自然災害、製品安全、交通心理など各種研究を行っている専門機関とも連携し、これらの多様化するリスクに対して最新の知見にもとづいた情報を発信しているほか、顧客企業のリスク実態を洗い出したうえで各種改善策を提案するなど、企業のリスクマネジメントにおける専門性の高いコンサルティングを提供している。

同社が提供するコンサルティングには、事業継続計画（BCP）・火災爆発・自動車事故削減・海外危機管理・コンプライアンス・製品安全・食品安全・環境などがあり、これらのソリューションの提供を通じて、同社ならではのリスクマネジメントを提案し、顧客企業のベストパートナーになることを目指している。

株式会社東京海上日動キャリアサービス

設立日	1984年6月1日
資本金	1億円
総資産	65億円
従業員数	498名（2013年12月末現在）
代表者	上月 和夫（代表取締役社長）
所在地	東京都新宿区新宿6-27-30 新宿イーストサイドスクエア6F
URL	http://www.tcshaken.co.jp/
事業内容	人材派遣事業 人材紹介事業 アウトソーシング事業

株式会社東京海上日動キャリアサービスの特徴

全国をカバーする総合人材サービス企業

2014年6月1日に創立30周年を迎えた東京海上日動キャリアサービス（TCS）は、事業拠点を国内17カ所に展開し、全国の顧客の多様な人材ニーズに応え続ける総合人材サービス企業。「お客様に価値あるソリューションを提供する」ことを経営理念に掲げ、「お客様満足」「スタッフ満足」「社員価値」の「3つの向上」を事業活動の原点に置き、経営品質ナンバーワン企業を目指している。

幅広い人材サービスを提供

1984年の設立当初は東京海上の事務代行会社として出発したが、現在TCSが提供する人材サービスは多岐にわたり、売上高は300億円を超える。主に次の分野で顧客にソリューションを提供している。

・人材派遣・紹介予定派遣

幅広い業界への事務派遣に強みがあり、全国で約11,000人のスタッフを派遣している。特に保険・金融業界への派遣実績は業界No.1。短期から長期まで、必要な期間の人材需要に対応。

・人材紹介

経験豊富な人材紹介専門コンサルタントが即戦力の有能なキャリア人材を紹介。エグゼクティブ級人材の紹介実績も多数あり。

・採用代行・採用コンサルティング

採用代行のメリットは、コア業務への集中と採用業務の品質向上。単純な作業工程の削減だけでなく、採用したいターゲット層に合わせた様々な施策を行い、ムダのない採用を実現。

・事務請負

給与社会保険、経理、OAなどの各業務を請け負い、顧客の業務効率化や固定費削減に貢献。

・研修支援

損保関連の研修に加え、新入社員研修、コミュニケーションスキル研修などのビジネススキル研修の実績も多数あり。

東京海上日動ファシリティーズ株式会社

設立日	1956年9月12日
資本金	3億円
総資産	133億4,800万円
従業員数	1,584名（2014年4月現在、子会社2社を含む）
代表者	江頭 重志（代表取締役社長）
所在地	神奈川県川崎市幸区大宮町1310 ミューザ川崎セントラルタワー 22F
URL	http://www.tkn-f.co.jp/
事業内容	ビルメンテナンス プロパティマネジメント 建設・オフィス移転 不動産仲介・コンサルティング、保険

東京海上日動ファシリティーズ株式会社の特徴

多彩な不動産関連サービスを提供

東京海上日動ファシリティーズは全国に事業拠点を展開しており、建物の施設管理から不動産の仲介やコンサルティングまで、企業に欠かせない要素である「ファシリティ（施設資産およびその利用環境等）」にかかわる幅広いサービスを提供している。なかでも、オフィスビルや学校などの清掃業務や設備機器の運転監視といった建物施設のメンテナンス、オフィス移転やレイアウト変更に関しては多数の実績を持っている。

社会貢献活動を積極的に実施

同社はCSRを重視しており、川崎市主催の多摩川河川敷清掃活動へ毎年参加しているほか、事業所周辺の清掃活動・地域の花植え活動への参加や、緊急時に迅速な対応ができるよう社内で定期的に開催されるAED講習の受講などを通じ、社員全員が社会貢献活動を積極的に行っている。

＜東京海上日動ファシリティーズ株式会社の子会社＞

東京海上日動ファシリティーサービス株式会社

設立日	1990年6月1日
従業員数	983名（2014年4月現在）
代表者	水村 有二（代表取締役社長）
事業内容	清掃・設備管理・サービス業務など

東京海上日動レックサービス株式会社

設立日	1985年1月1日
従業員数	68名（2014年4月現在）
代表者	櫻井 伸也（代表取締役社長）
事業内容	独身寮、保養所など厚生施設の運営管理、車両運行管理業務

東京海上日動メディカルサービス株式会社

設立日	1987年1月16日
資本金	1億円
総資産	28億5,700万円
従業員数	267名（2014年1月現在）
代表者	金野 正英（代表取締役社長）
所在地	東京都港区赤坂2-14-27 国際新赤坂ビル東館内
URL	http://www.tokio-mednet.co.jp/
事業内容	健康プロモーション、メディカルリスクマネジメント、 医療全般の審査・分析、メディカルサポート

東京海上日動メディカルサービス株式会社の特徴

医療・健康増進をサポートするプロフェッショナル集団

東京海上日動メディカルサービスは、設立以来多くの優秀な医療専門家を擁し、医療・健康領域で社会を支える貴重なインフラを提供する保健・医療関連サービス会社。

同社は今後も社会の変化や顧客のニーズに応じ、新たな事業領域や高品質な商品・サービス開発に挑戦するトータルヘルスケアコンサルティング会社を目指している。

企業や健康保健組合の保健事業をトータルに支援

同社では、企業の人事部門で抱える従業員の健康管理体制の構築・運営上の課題に対して、産業医・看護職による産業保健支援サービス（健康管理室業務の支援や健康管理コンサルティング・サポート業務など）や、メンタルヘルス対策のサポートとして産業医資格を有する精神科医を中心とした専門チーム（臨床心理士・精神保健福祉士・人事労務コンサルタントなど）によるEAP（Employee Assistance Program）サービスなどを提供している。

医療・健康増進に関する幅広いサービスをラインアップ

また同社は24時間365日電話により医療健康相談をお受けするメディカルコールセンターを運営している。ここでは、様々な診療科目において知識と経験が豊富な医師や看護師・臨床心理士・薬剤師など 医療のスペシャリストが連携し、お客様のお悩みに電話アドバイスを行っている。

そのほか、睡眠時無呼吸症候群対策となるSAS集団検診プログラムや、家族も参加できる健康増進策の健康チャレンジキャンペーン、海外赴任前の不安を少しでも解消するお手伝いとして、海外赴任前セミナーの開催や医療書類の翻訳サービスなども提供している。

東京海上日動サミュエル株式会社

設立日	2006年2月15日
資本金	1億円
従業員数	529名（2014年4月1日現在）
代表者	黒須 篤夫（取締役社長）
所在地	神奈川県横浜市港北区新横浜3-20-8 ベネックスS-3 6F
URL	http://www.hyldemoer.com/company/
事業内容	介護付有料老人ホームの企画・販売・運営

※写真は、同社が運営しているヒルデモアたまプラーザ・ビレッジⅠ

東京海上日動サミュエル株式会社の特徴

質の高いきめ細やかなサービスの提供

東京海上日動サミュエルは、高齢者が安心して生活できる「家」を提供したいという想いから、2000年12月にたまプラーザ（神奈川県）に初めてのホームを開設して以来、「ヒルデモア」「ヒュッテ」というブランド名で、神奈川を中心に東京・京都・長野の4都府県で11カ所の介護付有料老人ホーム（498室）を運営している。

入居者の「老いて豊かと語れる暮らし」を実現するため、当初から認知症やターミナルケア（看取りの介護）に力を入れ、手厚い介護・看護体制によるきめ細やかなサービス、そして直営キッチンによる安全でおいしい食事を提供している。

オリジナル介護食を開発

同社では「安全でおいしい食事をご入居者に提供したい」という想いから、それまで社外に業務委託していた調理を2011年に直営化した。すべてのヒルデモア、ヒュッテにおいて自前の調理部門を持つことで、入居者の食べ物の好みや体調の変化にも細やかな気遣いができるようになった。例えば、いつまでも「食べる喜び」を感じられるよう、食事の形態を7つに細分化し、一人ひとりの飲み込む力に合わせて最適なものを提供している。

また、飲み込む力が低下して「きざみ食」を召し上がるようになった方のために、オリジナル介護食を開発。見た目も味も通常の食事とほとんど変わらず、舌でつぶして飲み込めるやわらかさを実現し、かむ力や飲み込む力が弱くなっている方でも、安心して食べることができる。

東京海上日動ベターライフサービス株式会社

設立日	1996年6月
資本金	1億円
従業員数	1,517人（2013年8月現在）
代表者	佐藤 晃朗（代表取締役社長）
所在地	東京都渋谷区初台1-34-14 初台TNビル1F
URL	https://www.mizutama-kaigo.jp/
事業内容	在宅介護サービス「みずたま介護ステーション」の運営、法人企業向けソリューションサービスの提供、介護関連ポータルサイト「介護情報ネットワーク」の運営

東京海上日動ベターライフサービス株式会社の特徴

「みずたま」に込めた思い

東京海上日動ベターライフサービスは「住み慣れた家で、できるだけ長く自分らしい人生を送っていただく一助を担っていくことが使命」と捉え、東京都・千葉県・埼玉県・神奈川県の33カ所（2013年12月現在）の「みずたま介護ステーション」を通じて在宅介護サービス事業を展開している。

「みずたま」の名称は、「ひとつひとつは小さなみずたまでも、みんなが集って力を合わせれば、やがて大きな海にもなれる」というもので、「お客様へ常に熱い思いを持ってチーム一体となってお客様を支えていきたい」との思いが込められている。

お客様とそのご家族、そして社会全体の「ベターライフ」。

同社では、在宅介護サービスの提供にとどまらず、介護に関する各種課題の解決に向け、同社が事業を営むなかで培ってきたノウハウなどをセミナーや講習形式で情報提供している。

ご家族向けに「介護保険の基礎知識」、「仕事と介護の両立のポイント」、福祉関連企業様向けに「介護職の人材育成」、「介護事故防止のためのリスクマネジメント」あるいは主としてサービス業の方々向けにNPO法人日本介助専門員推進協会と提携し、「介助専門士（※）養成講習」などを全国で実施し、介護・介助を必要とする方を支える方たちの支援にも積極的に取り組んでいる。

（※）日本介助専門員推進協会の認定資格。2014年6月末までに、自動車販売店や金融機関など2,165名が受講。2日間の講習を受講後、検定試験に合格すると資格を取得することが可能。

「介助専門士」資格者養成講習の様子

東京海上アシスタンス株式会社

設立日	2014年2月26日
資本金	1億円
総資産	26億円（2014年3月31日現在）
従業員数	900名（2014年7月1日現在）
代表者	長谷川 裕（取締役社長）
所在地	東京都品川区東品川4-12-1 品川シーサイドサウスタワー 3F
URL	http://www.tmassist.co.jp
事業内容	ロードサイドアシスタンス、ホームアシスタンス、入院アシスタンス

東京海上アシスタンス株式会社の特徴

高品質で心のかよったアシスタンスサービスの提供を目指して

東京海上アシスタンスは前身のミレア・モンディアル株式会社から東京海上関連ビジネスを引き継ぎ、主に東京海上グループの保険会社（東京海上日動火災保険、イーデザイン損保など）からの委託を受け、顧客が不意に遭遇する日常の様々なトラブルに対し、ロードサイドアシスタンス、入院アシスタンス、ホームアシスタンスなどの各種アシスタンスサービスを提供している。

ロードサイドアシスタンスに関して、日本全国の提携レッカー事業者との幅広いネットワークを活かし、24時間365日対応で高品質のロードサイドアシスタンスを提供する強固な体制を構築している。

同社では、従業員全員で顧客の安心と安全を実現し「東京海上グループで良かった」と言っていただける、高品質で心のかよったレベルの高いアシスタンスサービスの提供を全社一丸となって目指している。

働きやすい職場創り

同社では、働きやすい職場創りを目指し、様々な取り組みを進めている。例えば従業員がモチベーション高く、長期にわたり安定的に就業ができるよう「産休育休取得者交流会」を行い、育児と仕事のバランスの取り方、会社への要望などをテーマに活発な意見交換を実施している。また、従業員意識調査も実施し、従業員の声を把握したうえで、働きやすい職場創りに向けた施策を継続的に実施している。

産休育休取得者交流会の様子

東京海上日動あんしんコンサルティング株式会社

設立日　1948年1月13日
資本金　4億9,800万円
総資産　24億6,000万円
従業員数　166名（2015年1月1日現在）
代表者　川畑 茂樹（取締役社長）
所在地　東京都中央区日本橋1-19-1
日本橋ダイヤビルディング8F
URL　http://www.web-tac.co.jp/
事業内容　損害保険代理業
生命保険の募集に関する業務（※）
金融商品仲介業
個人の財産形成に関するコンサルティング業務

（※）生命保険募集人は保険料の領収や申込み受付はできるが、保険契約の締結および告知受領に関する代理権は有していない。よって、契約が有効に成立となるのは、保険会社が承諾したときになる。

会社の特徴

心のこもったサービスをお客様に提供

東京海上日動あんしんコンサルティングは、東京海上グループの総合コンサルティング型企業代理店として、国内企業や個人のお客様に、損害保険・生命保険・個人の資産形成に関するコンサルティングなど、経営や生活にかかわるサービスを提供。

また、「お客様の信頼を活動の原点として、倫理観を大切にし、心のこもったサービスでお客様にとって末永いパートナーであること」を目指し、幅広い知識と高い専門性で最適な保険提案や資産形成のソリューションを提供している。

東京海上ビジネスサポート株式会社

設立日　2010年1月15日
資本金　1億円
従業員数　255名（うち障がい者102名、2015年1月1日現在）
代表者　宮﨑 忠彦（代表取締役社長）
所在地　東京都千代田区丸の内1-2-1
東京海上日動ビル新館15F
URL　http://www.tokiomarine-bs.com/
事業内容　封入・封緘、発送およびデータ入力・スキャニング（書類のPDF化）業務
インターネット通販サイト「WEB-TMBS」による販促用ノベルティの販売
印刷・製本ならびに名刺の作成・販売
通販文具、コピー用紙ならびにインクカートリッジなどのサプライ品の販売
社内書類の仕分け・発送ならびに館内デリバリー・郵便物の受発送など

会社の特徴

東京海上グループ各社の業務サポート

東京海上ビジネスサポートは、東京海上グループとして障がい者雇用推進を一層図るために設立された、損害保険業界初の特例子会社である。

同社の東京・大阪・名古屋・福岡の事業所では、主に知的・発達障がいのある社員を中心に、東京海上グループ各社の書類発送業務、データ入力・加工業務、名刺・自動印作成業務、湿式シュレッダー業務などを受託。また、印刷業務や事務用品・ノベルティ・カレンダーの販売業務、社内物流業務なども行い、グループ各社をサポートしている。

chapter 6

第6章

使える企業情報源

直近10年の主要な経営指標の推移、セグメント別業績推移、時価総額ランキング、格付情報、採用実績、人事制度、女性の活躍推進の取り組み、CSR・社会活動、保険商品ラインナップ、略年表（東京海上グループの歩み）など、企業・業界研究や就職活動の参考になる東京海上グループの基本データを紹介。

2008年度	2009年度	2010年度	2011年度	2012年度	2013年度
35,031	35,708	32,886	34,159	38,577	41,661
21,342	22,929	22,721	23,244	25,580	28,707
▲151	2,034	1,265	1,603	2,074	2,743
16,395	21,847	19,044	18,574	23,631	27,391
152,472	172,658	165,286	163,384	180,294	189,480
10.68%	12.56%	11.41%	11.26%	12.98%	14.32%
1.10%	6.76%	3.55%	0.32%	6.20%	7.29%
5,279	3,715	1,835	724	1,387	4,247
▲16,937	1,707	▲ 971	▲2,005	▲7,610	▲1,682
1,041	▲1,599	▲2,247	1,010	4,854	▲3,464
8,775	12,688	11,203	10,926	9,793	9,244
28,063	29,578	29,758	30,831	33,006	33,310

経常利益の推移

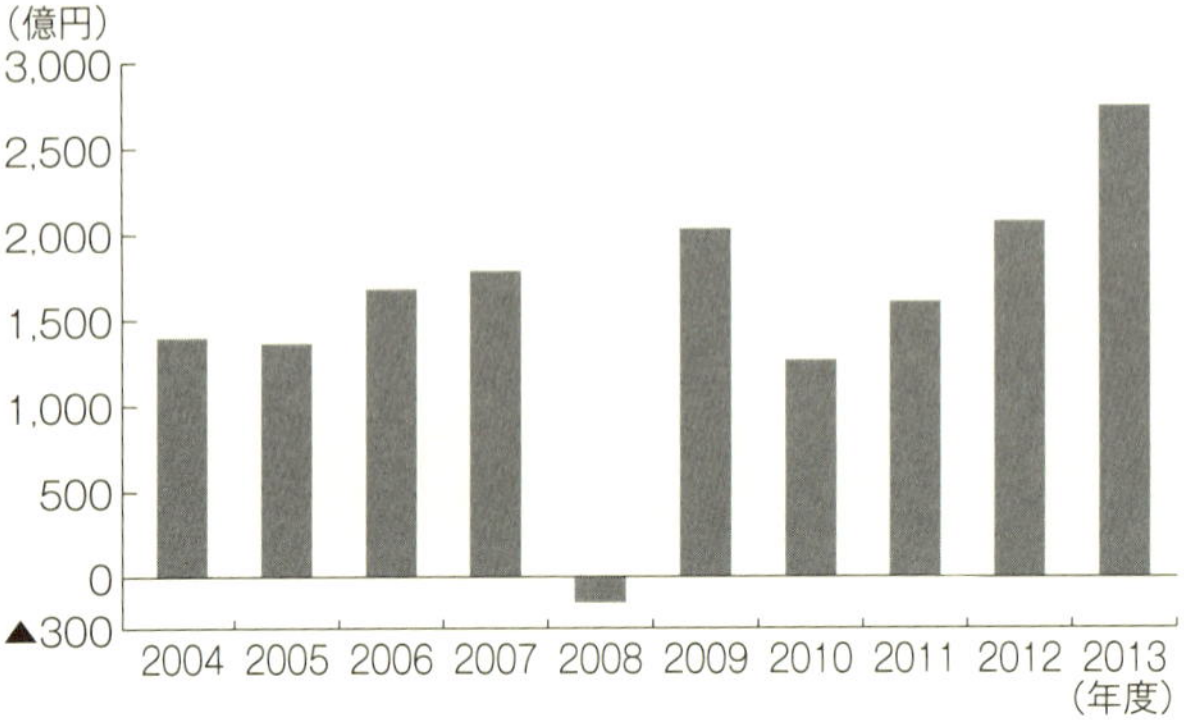

東京海上ホールディングス（連結）の直近10年の主要な経営指標の推移

項目	2004年度	2005年度	2006年度	2007年度
経常収益（億円）	28,994	33,999	42,185	37,100
正味収入保険料（億円）	19,250	19,786	21,486	22,451
経常利益（億円）	1,399	1,365	1,680	1,790
純資産額（億円）	23,052	32,098	34,107	25,793
総資産額（億円）	116,244	142,600	172,269	172,832
自己資本比率	19.83%	22.51%	19.73%	14.83%
自己資本利益率/ROE	2.93%	3.26%	2.82%	3.65%
営業活動によるキャッシュ・フロー（億円）	3,857	8,995	13,677	8,221
投資活動によるキャッシュ・フロー（億円）	▲754	▲10,824	▲9,863	▲4,338
財務活動によるキャッシュ・フロー（億円）	▲1,449	▲450	▲510	▲664
現金および現金同等物の期末残高	14,768	12,771	16,700	19,886
従業員数（名）	18,910	19,761	23,280	24,959

正味収入保険料の推移

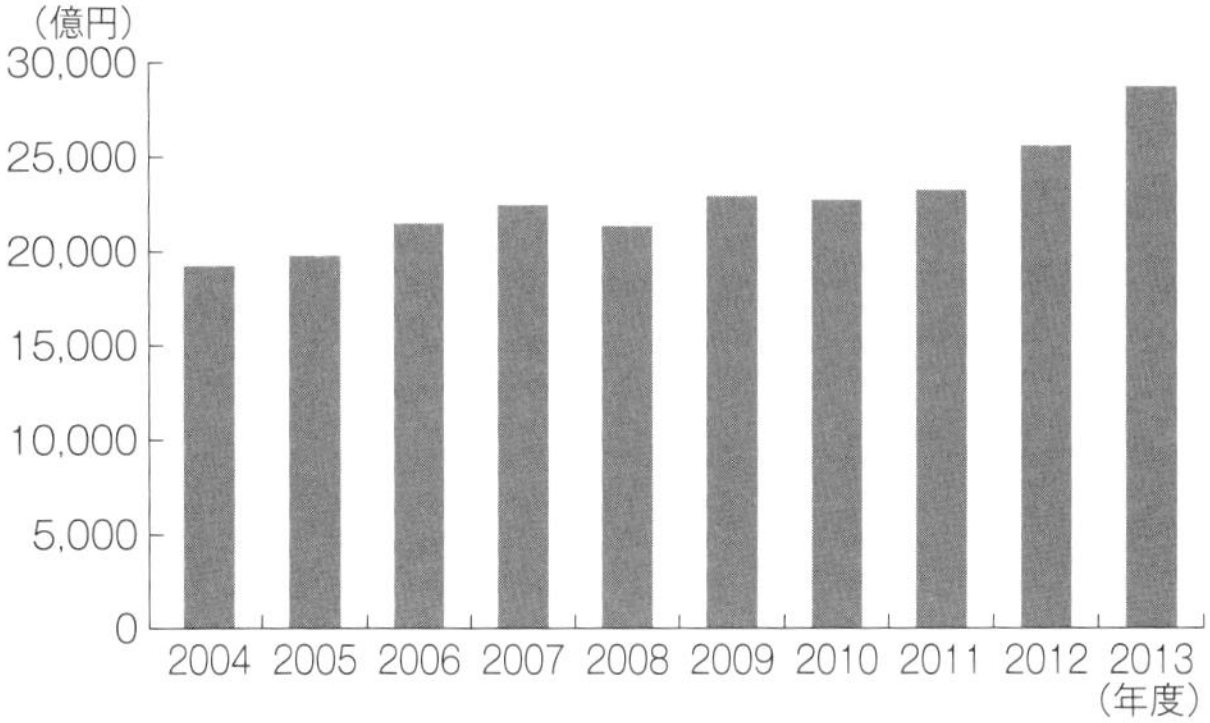

国内損保事業の業績推移

年度	2005	2006	2007	2008	2009
正味収入保険料（億円）	18,927	19,280	19,121	18,134	17,360

年度	2010	2011	2012	2013	2014
正味収入保険料（億円）	17,427	17,830	18,696	19,663	20,140

※2014年度は予想。国内損保事業の業績数字は東京海上日動の正味収入保険料より

国内生保事業の業績推移

年度	2005	2006	2007	2008	2009
年度末EV（億円）	2,548	3,352	3,643	3,583	3,906

年度	2010	2011	2012	2013	2014
年度末EV（億円）	4,398	5,163	6,011	6,804	7,549

※2014年度は予想。国内生保事業の業績数字は東京海上日動あんしん生命の年度末EVより

海外事業の業績推移

年度	2005	2006	2007	2008	2009
正味収入保険料（億円）	2,402	3,195	4,139	3,626	5,440

年度	2010	2011	2012	2013	2014
正味収入保険料（億円）	5,265	4,997	7,343	10,745	12,120

※2014年度は予想。海外事業の業績数字は東京海上ホールディングスの正味収入保険料より

東京海上ホールディングス（連結）のセグメント別業績推移

国内損保事業の推移（直近10年）

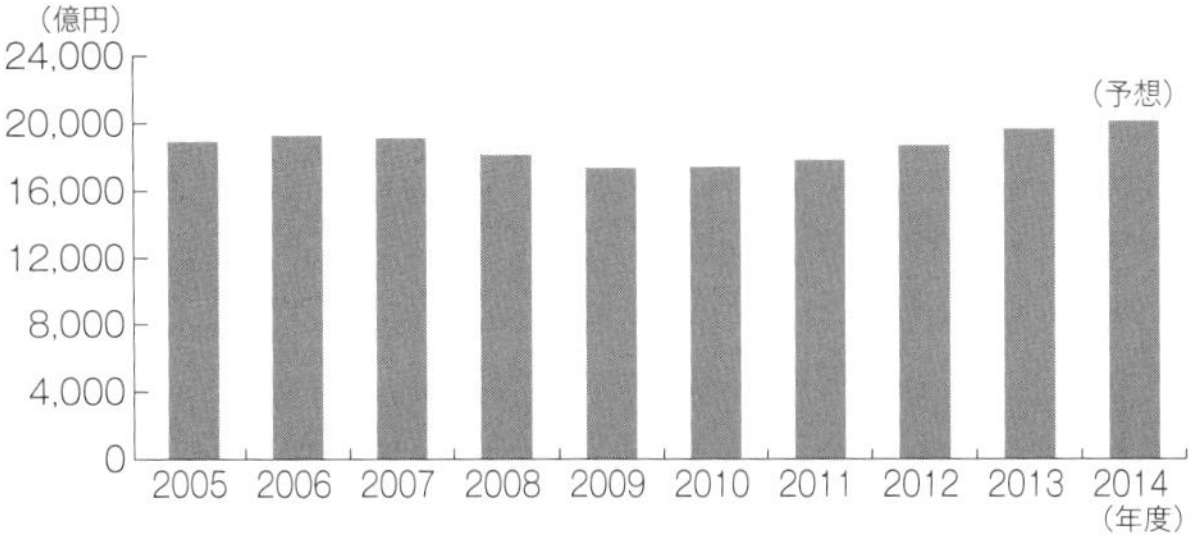

国内生保事業の推移（直近10年）

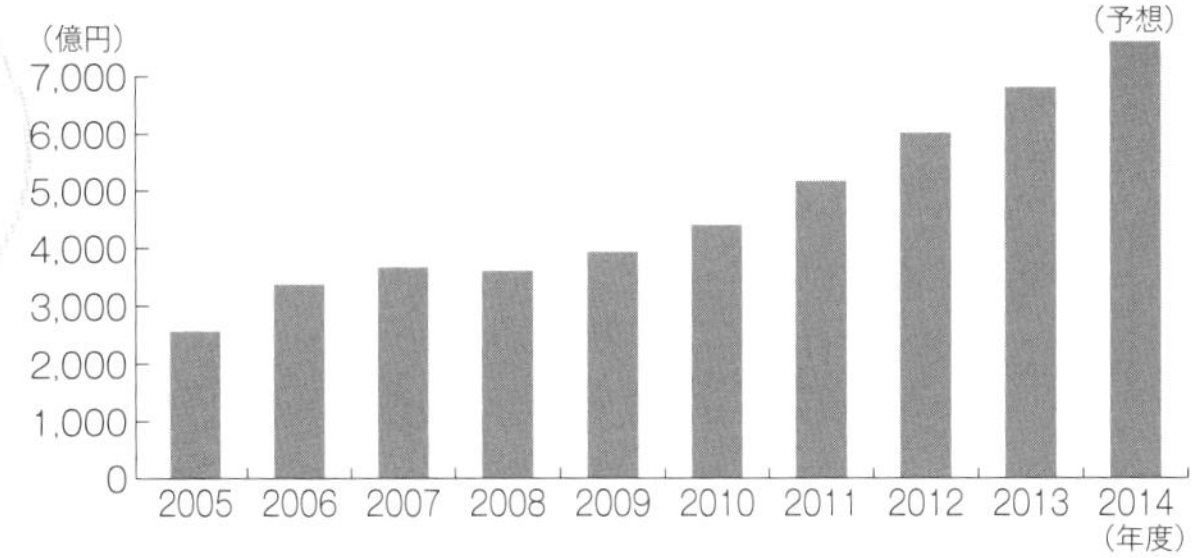

海外事業の推移（直近10年）

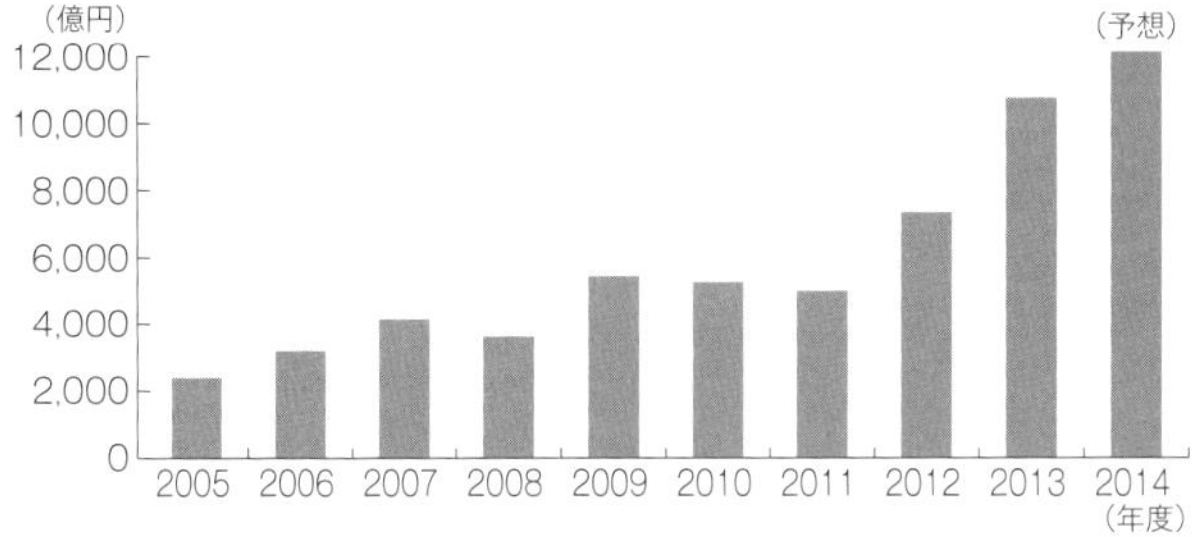

時価総額ランキング

日本の金融機関

単位：億円

順位	社　名	時価総額
1	三菱UFJフィナンシャル・グループ	87,206
2	三井住友フィナンシャルグループ	60,238
3	みずほフィナンシャルグループ	48,917
4	野村ホールディングス	25,240
5	東京海上ホールディングス	25,178
6	オリックス	22,415
7	三井住友トラストホールディングス	17,647
8	第一生命	17,455
9	大和証券グループ本社	15,335
10	MS&ADホールディングス	15,069
11	りそなホールディングス	13,447
12	NKSJホールディングス(※)	10,961
13	T&Dホールディングス	8,923
14	横浜銀行	7,659
15	静岡銀行	7,456
16	ソニーフィナンシャルホールディングス	7,416
17	千葉銀行	6,636
18	アコム	6,576
19	日本取引所グループ	6,550
20	新生銀行	6,050
21	あおぞら銀行	5,808
22	三菱UFJリース	5,249
23	スルガ銀行	5,229
24	セブン銀行	4,966
25	イオンフィナンシャルサービス	4,924
26	ふくおかフィナンシャルグループ	4,573
27	常陽銀行	4,253
28	クレディセゾン	3,823
29	京都銀行	3,583
30	東京センチュリーリース	3,577

※2014年9月に損保ジャパン日本興亜ホールディングスに商号変更

世界の保険会社

単位：億円

順位	社　名	時価総額
1	バークシャー・ハサウェイ	318,176
2	アリアンツ	77,844
3	AIG	77,339
4	中国人寿保険	75,605
5	AIA	66,894
6	中国平安保険	63,193
7	プルデンシャル（英）	60,946
8	メットライフ	60,892
9	アクサ	57,308
10	ING	51,758
11	チューリッヒ	44,757
12	プルデンシャル（米）	41,325
13	マニュライフ	39,068
14	ミュンヘン再保険	37,692
15	ACE	34,561
16	ジェネラリ	33,499
17	スイス再保険	32,489
18	中国太平洋保険	32,341
19	トラベラーズ	31,230
20	BB セグリダーデ	30,002
21	グレート・ウエスト	29,959
22	SAMPO	28,678
23	アフラック	27,903
24	オールステート	26,054
25	AVIVA	25,773
26	東京海上ホールディングス	25,178
27	リーガル・アンド・ゼネラル・グループ	24,160
28	サンライフ	23,996
29	パワーフィナンシャル	23,593
30	中国人民財産保険	22,747

［出典］Bloomberg（2014年7月31日現在）

格付情報

S&P（保険財務力格付）

AAA	
AA+	バークシャー・ハサウェイ
AA	アリアンツ グレート・ウエスト プルデンシャル（英） チャブ トラベラーズ
AA-	**東京海上日動** チューリッヒ AIA メットライフ ミュンヘン再保険 中国人寿保険 エース プルデンシャル（米） スイス再保険 アフラック マニュライフ オールステート
A+	三井住友海上 損保ジャパン（※） アクサ

スタンダード&プアーズ社（世界最大手の格付機関）が行う格付

Moody's（保険財務格付）

Aaa	
Aa1	
Aa2	プルデンシャル（英） トラベラーズ バークシャー・ハサウェイ チャブ
Aa3	**東京海上日動** アリアンツ チューリッヒ AIA アクサ メットライフ ミュンヘン再保険 アフラック グレート・ウエスト オールステート スイス再保険
A1	中国人寿保険 三井住友海上 マニュライフ 損保ジャパン（※） エース プルデンシャル（米）

Moody's（S&Pと並ぶ大手格付機関）が行う格付

A.M.Best（財務格付）

A++	**東京海上日動** バークシャー・ハサウェイ チャブ トラベラーズ エース
A+	アリアンツ チューリッヒ メットライフ ミュンヘン再保険 プルデンシャル（米） スイス再保険 損保ジャパン（※） マニュライフ アフラック グレート・ウエスト オールステート 三井住友海上

A. M. Best（歴史ある格付機関）が行う格付

S&P社によるERM態勢の評価　Strong

S&P社は信用格付の決定プロセスの一環として保険会社のERM態勢の評価を行っており、東京海上日動と東京海上日動あんしん生命は日本の保険会社（単体）では唯一“Strong”評価（上位から2番目）を受けている。　（2014年7月2日現在）

東京海上グループは、国内損保業界においてトップの経常利益を計上し続けており、強固な財務基盤を有し、世界トップクラスの健全性を維持している。

※2014年9月に日本興亜損保と合併し、損保ジャパン日本興亜に商号変更

［出典］各社ホームページ・Bloomberg（調査日2014年8月12日）

採用実績（※）

	全国型	地域型	合　計
2005年度	156名	431名	587名
2006年度	178名	624名	802名
2007年度	198名	757名	955名
2008年度	234名	807名	1,041名
2009年度	164名	563名	727名
2010年度	112名	555名	667名
2011年度	83名	460名	543名
2012年度	96名	374名	470名
2013年度	91名	442名	533名
2014年度	116名	342名	458名

待遇と勤務条件（※）

	全国型	地域型
主な仕事内容	国内・海外営業（損害保険の引受など）、損害サービス（損害の調査・保険金の支払）、商品開発、営業支援、資産運用、情報システム、一般管理、海外事業など	
勤務地	全国の各事業所（海外を含む）	募集地区管下の各事業所、または居住地からの通勤が可能な近県の各事業所（本人の同意なしに転居をともなう転勤はなし）
給与	4年制大学卒／月給20万3,430円	4年制大学卒／月給16万8,740円
勤務時間	9:00～17:00	
休日休暇	完全週休2日制（土・日）、祝日、年末年始、年次有給休暇（初年度13日、次年度以降20日）、5日間特別連続有給休暇（年2回取得）、育児休業制度、介護休業制度、その他リフレッシュ休暇など各種特別休暇あり	
社会保険	雇用保険、健康保険、厚生年金保険、労災保険	
福利厚生	厚生施設／保養所、テニスコート、グラウンドほか各種運動施設	

人事制度（※）

＜基本方針＞

- 透明で公正な制度と運用を軸とする成果・実力主義人事を徹底し、社員の働きがい・やりがいの向上を目指す。
- コンピテンシーを活用して、人材育成の強化を図る。

役割等級制度

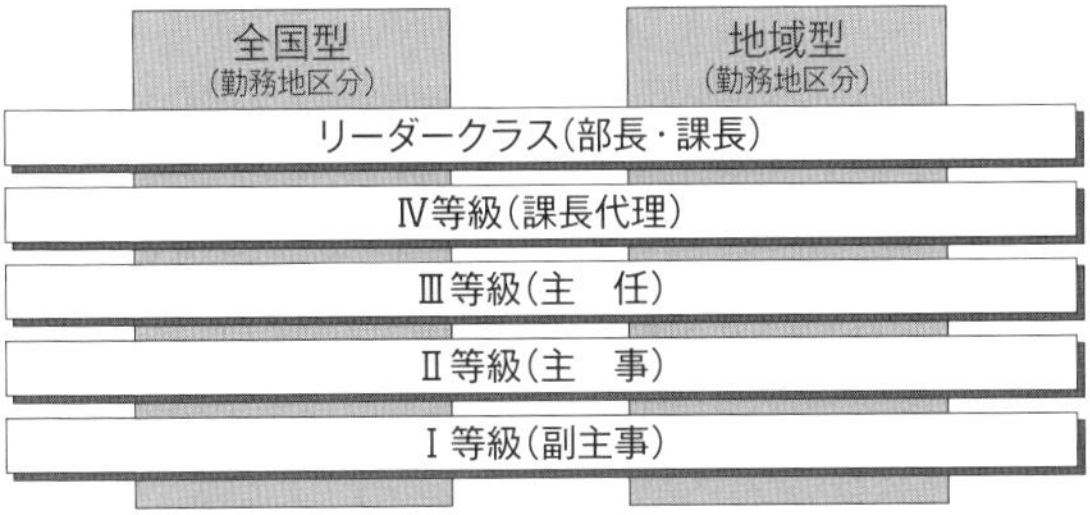

人材育成（※）

実施体制	SP（先輩）制度	身近な先輩社員を新入社員のSPとして任命し、公私にわたる指導を行う。
	IL（育成推進リーダー）制度	部店長・人能KPのリードのもと、人材育成全般における実務的な役割を担い、部店全体の人材育成を推進する役割を担う。
	人能KP（人能キーパーソン）制度	部店内全メンバーの能力開発に関する統括を行う。 人材育成会議の運営。
インフラ	e-Learning システム	インターネット環境さえあれば、自宅でもアクセスして利用可能。 保険知識のみならず、周辺知識、コンプラ、ITスキル、メンタルヘルスなどのメニュー充実。
	能力開発パーソナルデータ	研修・通信教育受講歴・資格取得など、社員の能力開発歴を、本人および上司がイントラネット上で閲覧できるツール。
自己開発サポート	社外通信講座	会社推奨の通信講座を社員に紹介（割引価格での案内）。
	社外資格取得受験料補助制度	「現在の業務上の必要性から」もしくは「将来のキャリアビジョン実現のため」社外資格（各分野の専門資格）を取得する場合に受験料の費用補助を行う。

※東京海上日動火災保険株式会社のデータです。

女性の活躍推進の取り組み (※)

女性社員一人ひとりが自律的にキャリアを構築し、より広いフィールドで活躍できるよう、「きらり☆キャリアアップ応援制度」を用意し、女性の活躍推進の取り組みを加速させている。

きらり☆キャリアアップ応援制度

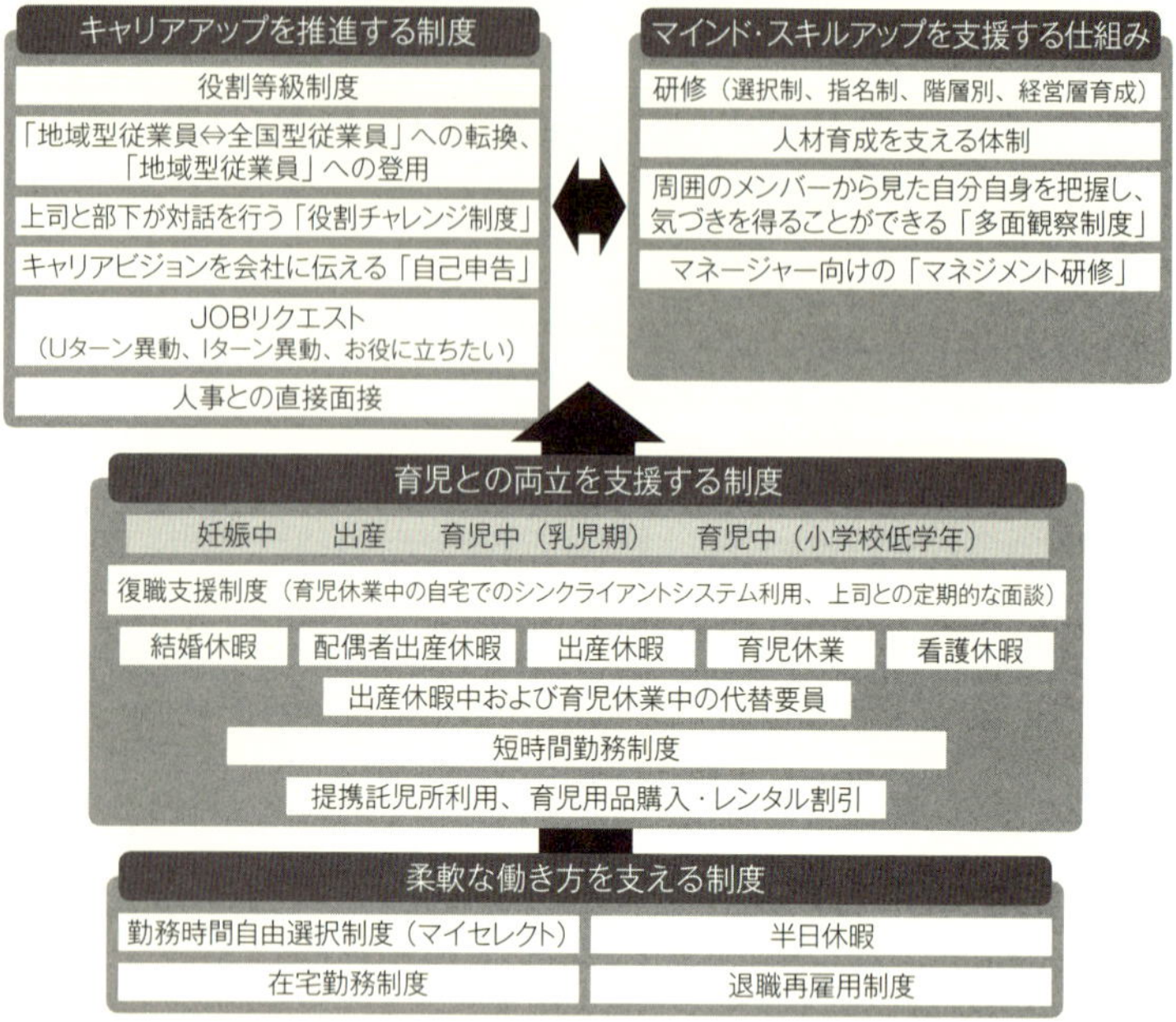

<代表的な制度の内容>

キャリアアップを推進する制度		
JOB リクエスト	Uターン異動	転居をともなう転勤のない地域型が元の勤務エリアへ戻ることを条件に、一定期間転居をともなう転勤をし、キャリアアップを目指して新しい仕事に挑戦できる応募型の人事異動。
	Iターン異動	転居をともなう転勤のない地域型が、結婚や親・配偶者の転勤などにともない、勤務エリアを変更することで継続して勤務できる応募型の人事異動。
	お役に立ちたい	「キャリアを活かして、会社・組織の役に立ちたい」「新たな環境の中で周囲のメンバーと共に自身を成長させたい」などの思いを持った地域型に、会社が指定したポストに自らの発意で異動することができる制度。

マインドアップ・スキルアップを支援する仕組み	
研修	主体的にキャリアビジョンを描いていくための研修や、更なるスキルアップを目指すための選択制研修などを用意。その他、将来の経営を担う人材を育成するために、必要となる知識・スキルの習得、マインドを理解するためのプログラムなどを実施。
マネジメント研修	一人ひとりの強みを生かした組織運営を行うために、マネージャー向けに、部下育成・マネジメントに関して学ぶ研修を実施。

育児との両立を支援する制度	
復職支援制度	休業中の自己啓発サポートとして、シンクライアントシステムを利用した会社情報の閲覧や、社外通信講座の受講、各種セミナーへの参加が可能。また、産休前から復職後まで定期的に上司と面談を行う機会を設けている。
出産休暇	産前6週間および産後8週間の出産休暇。会社が必要と認めたときは、出産休暇に加え、産前休暇の前に2週間を限度として特認出産休暇を取得することが可能。
育児休業	子が満1歳2カ月に達する日まで休業することが可能。特別の事情がある場合は、最大で子が満1歳を迎えた最初の4月末まで延長することが可能(休業開始から連続5営業日以内は有給)。
短時間勤務制度	会社が必要と認めた場合には、妊娠時より子が小学校3年生の3月末を迎えるまで、勤務時間を1日あたり最長3時間短縮することが可能。

柔軟な働き方を支える制度	
勤務時間 自由選択制度	会社業務に支障のない範囲で、勤務時間を通常(9:00～17:00)以外のパターン(例:7:00～15:00)から選択することができる制度。
退職再雇用制度	3年以上勤務し、退職後10年以内の元従業員が応募できる再雇用制度。

※東京海上日動火災保険株式会社のデータです。

＜最近の主な受賞歴＞

「なでしこ銘柄」に選定

「なでしこ銘柄」は経済産業省が東京証券取引所と共同で、女性活躍推進に優れた企業を選定・発表する事業。東京海上ホールディングスが「保険業」の銘柄として初めて選定された。

「ダイバーシティ経営企業100選」を受賞

経済産業省が「ダイバーシティ経営*」によって企業価値向上を果たした企業を選定・表彰する事業。東京海上日動が受賞。

*多様な人材を活かし、その能力が最大限発揮できる機会を提供することで、イノベーションを生み出し、価値創造につなげている経営。

産学連携 自然災害リスク研究

東京海上グループでは、気候変動・自然災害の脅威から社会を守るため、産学連携による自然災害リスク研究を推進している。得られた知見は、商品・サービスの高度化に活用していくほか、社会に情報発信し、社会全体の防災・減災対策に役立てていく。

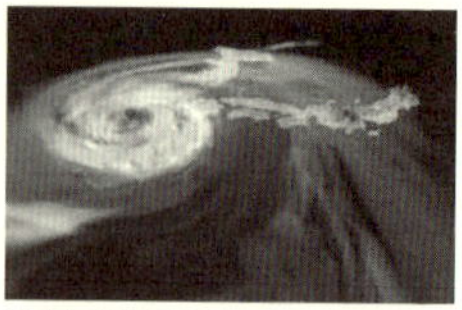

将来気候台風シミュレーション図

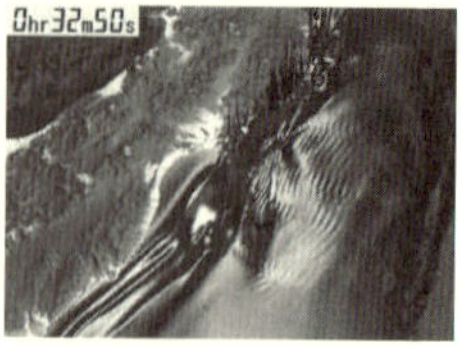

東北地方太平洋沖地震
津波シミュレーション図

［出典］
上：名古屋大学 地球水循環研究センター
下：東北大学 災害科学国際研究所

研究対象	研究機関	研究内容
気象災害（台風・豪雨・洪水）	東京大学 大気海洋研究所	気候モデルデータを用いた将来の台風リスク評価
	名古屋大学 地球水循環研究センター	高解像度モデルを用いた台風・豪雨リスク評価
	京都大学 大学院工学研究科・防災研究所	河川流量モデルを用いた将来の河川洪水リスク評価
地震・津波	東北大学 災害科学国際研究所	地震・津波リスク評価、津波避難研究、防災教育・啓発

「Green Gift」プロジェクト

東京海上日動では、2009年より「お客様とともに環境保護活動を実施すること」をコンセプトに「Green Gift」プロジェクトを実施。保険契約時に「ご契約のしおり（約款）」などを冊子ではなく、HPで閲覧する方法（Web約款など）を選択された場合、紙資源の使用量削減額の一部をNPOなどに寄付することを通じ、海外でのマングローブ植林を支援している。さらに2013年10月からは、国内各地域の環境NPOとの協働による環境保護活動を開始し、2014年3月までに、8つの地域で12の環境イベントを開催した。

＊東京海上（現東京海上日動）の創立120周年記念事業として1999年より開始し、これまでの植林実績は9カ国で約8,400ヘクタール（2014年3月末現在）。この取り組みが評価され、東京海上日動は2013年に「地球温暖化防止活動 環境大臣表彰（国際貢献部門）」を受賞。同社は、マングローブ植林を100年継続することを目指して取り組んでいる。

みどりの授業

東京海上日動では、グループ会社も含む社員・代理店などのボランティアが、全国の小学校・特別支援学校において、マングローブをテーマに地球温暖化防止・生物多様性保全の大切さを教える「みどりの授業」を実施。2013年度までに延べ約630の小学校・特別支援学校で、延べ約44,000名の子どもたちが授業を受け、マングローブ植林についての意義を知り、環境問題への関心が高まったなどの声が寄せられている。

Room to Read

東京海上日動では、マングローブ植林地域のインド・バングラデシュ・ベトナムで、国際NGO「Room to Read（ルーム・トゥ・リード）」が行う途上国への教育支援プログラムに寄付を行っている。2013年までの4年間、毎年約10万ドルを寄付し、これまでに約1,000名の女子の教育支援と9室の図書室を開設。教育の機会を得ることが難しいアジア各国の子どもたちに本を読む喜びを伝え、将来の夢を実現するためのお手伝いをしている。

ぼうさい授業

東京海上日動では、東日本大震災の教訓をふまえ、「防災の知識を子どもたちに伝え、次の災害に備えるための手助けをしたい」との想いから、グループ会社も含む社員・代理店のボランティアによる「ぼうさい授業」（東北大学 災害科学国際研究所監修）を全国の小学校で実施している。2013年度までに、延べ約90校で延べ約7,300名の子どもたちが授業を受け、自分の身を守るためにどうしたらよいかを考えるきっかけになったなどの声が寄せられた。

交通遺児等を支援する会への協力

日新火災では2008年度より毎年、社員および一般の方を対象にチャリティ募金イベントを開催している。集まった募金は「NPO法人 交通遺児等を支援する会」に全額寄付し、交通事故で親を亡くした子どもたち（交通遺児）に対する支援を行っている。

ピンクリボン運動の推進

東京海上日動あんしん生命では、2005年度より認定NPO法人J.POSHを通じて、乳がんの早期発見・早期治療の大切さをお伝えするピンクリボン運動を支援している。今年も全国各拠点で街頭キャンペーンを実施し、約10万枚の啓発リーフレットを配布した。

「タオル帽子」製作活動

東京海上日動あんしん生命では、2009年度より盛岡市の市民団体「岩手ホスピスの会」の活動に賛同し、抗がん剤治療を受けるがん患者さんへ贈る「タオル帽子」の製作協力を行っている。毎年1,000個以上を製作し、同会を通じて全国のがん診療連携拠点病院へ届けている。6年目となる2014年度は、過去最多となる1,300個の「タオル帽子」を製作・寄贈した。

英国 学生インターンを対象としたビジネス研修プログラム

英国キルン社では、優秀な人材の育成や地域社会の支援を目的としたロンドン市の学生向けビジネス研修プログラムの趣旨に賛同し、過去5年間で11名のインターンを受け入れ、リサイクル活動の推進など様々な業務に携わってもらっている。学生のモチベーションや心構えは目覚ましく、期待を超える活躍により、学生と同社の双方にとって有意義なプログラムとなっている。

米国 環境保護活動「GREENPHLY」

米国フィラデルフィア社では、2011年から社員有志による環境保護活動を開始。オフィスでの環境負荷削減や自転車通勤を推奨する「BIKEPHLY」に取り組んでいるほか、2013年4月のアースデイには、CEOを含む社員34名が公園で外来種の植物除去を行った。また、2013年度消費電力の100%に相当するグリーン電力証書を購入し、米国環境保護庁からグリーン電力パートナーシップ企業に認定された。

中国 青少年育成支援

東京海上グループでは、2009年から中華全国青年連合会と協働して、農民工の子どもたち（農村に家を持ちながら都市で働く親と長期間離れている児童や、親とともに都市に移住してきた児童）を支援するため、中国各地に160カ所以上の支援施設を設置し、毎年ボランティア活動を行っている。2013年には、社員12名が浙江省の小学校で地元青年団や消防局と連携して消防訓練などを行い、交流を深めた。

東日本大震災の復興支援活動

「わたりグリーンベルトプロジェクト」への参加

東京海上グループでは、宮城県亘理町の防潮林を再生するボランティア活動と、地元の方との交流を行うツアーに社員を派遣した。2013年度は5回のツアーで延べ80名のグループ会社を含む社員・代理店やその家族が参加した。

東日本大震災追悼の灯ろうづくり

東京海上日動、イーデザイン損保では、毎年岩手県盛岡市で行われる東日本大震災追悼イベント「祈りの灯火」で灯される牛乳パック灯ろうを社員たちが作成した。2014年3月には約400個の灯ろうを事務局の「もりおか復興支援ネットワーク」に届け、地元ボランティアにより追悼と復興への祈りの火が灯された。

社員食堂での被災地メニューの提供

東京海上日動では、同社の社員食堂にて、東北被災地のご当地メニューを提供し、売り上げの一部を寄付する取り組みを継続している。2013年3月～2014年3月までに、約2,100食を売り上げ、集まった約21万円の寄付については、東日本大震災により厳しい経済状況におかれた岩手県の子どもたちの教育や生活支援を行う「いわての学び希望基金」に寄付を行った。現在（2014年度）も取り組みを継続している。

個人向け保険商品ラインナップ

生損保一体型保険
トータルアシスト超保険

損害保険と生命保険を一体化し、お客様とご家族を取り巻くリスクをまとめて補償する革新的な保険。お客様のライフプラン、家族構成やライフステージの様々な変化に合わせて、コンサルティングによる最適な補償を提供。

《損害保険商品》 ※東京海上日動火災保険株式会社の保険商品

■ 自動車の保険

- トータルアシスト
  自動車保険
  (総合自動車保険)
- TAP(一般自動車保険)
- 1日自動車保険
- ドライバー保険
  (自動車運転者保険)
- 自賠責保険(自動車損害賠償責任保険)

■ 住まいの保険

- トータルアシスト
  住まいの保険
- 地震保険

■ ケガ・病気の保険

- トータルアシスト
  からだの保険(傷害定額)
- フルガード保険
- トータルアシスト
  からだの保険(所得補償)
- 団体医療保険
  (医療保険 [1年契約用])
- 団体がん保険(がん保険 [1年契約用])
- 団体長期障害所得補償保険(GLTD) など

■ 旅行・レジャーの保険

- 海外旅行保険
- 国内旅行傷害保険
- トータルアシスト
  からだの保険
  (ゴルファー)
- ヨット・モーターボート
  総合保険 など

■ こどもの保険

- 学生・生徒総合保険
  (こども総合保険)

■ 積立タイプの保険

積立火災保険
- 新マンション総合保険

積立傷害保険
- ファイン
  (積立普通傷害保険)
- 積立交通傷害保険

財形
- 財形貯蓄傷害保険
- 財形住宅傷害保険
- 財形年金傷害保険

確定拠出年金(401k)の運用商品
- ねんきん博士
  (利率保証型積立傷害保険) など

2014年12月31日現在

《生命保険商品》 ※東京海上日動あんしん生命保険株式会社の保険商品

■ 終身保険

- 終身保険
- 長割り終身
  (低解約返戻金型終身保険)
- 長生き支援終身
  (低解約返戻金型終身介護保険)

■ 定期保険

- 定期保険
- 長割り定期
  (定期保険・低解約返戻金特則付加)
- 低解約返戻金型逓増定期保険
- 家計保障定期保険
- 家計保障定期保険　就業不能補償プラン
  (家計保障定期保険　重度5疾病・重度介護保険料払込免除特則、重度5疾病・重度介護家計保障特約付加)

■ 疾病・医療保険

- メディカルKit　基本プラン
  (医療総合保険〈基本保障・無解約返戻金型〉)
- メディカルKit　就業不能サポートプラン
  (医療総合保険〈基本保障・無解約返戻金型〉・5疾病就業不能特約付加)
- メディカルKit　女性プラン
  (医療総合保険〈基本保障・無解約返戻金型〉・女性疾病保障特約付加)
- メディカルKit　自由設計プラン
  (医療総合保険〈基本保障・無解約返戻金型〉)
- メディカルKit R
  (医療総合保険〈基本保障・無解約返戻金型〉・健康還付特則付加)
- メディカルKitラヴ
  (医療保険〈引受基準緩和・無解約返戻金型〉)
- メディカルKitラヴR
  (医療保険〈引受基準緩和・無解約返戻金型〉・健康還付特則付加)
- がん治療支援保険

■ 養老保険

- 養老保険

■ 個人年金保険

- 5年ごと利差配当付個人年金保険
  (無選択加入特則付加)

■ 子ども保険

- 5年ごと利差配当付こども保険

2014年12月31日現在

企業向け保険商品ラインナップ

	対象	主な商品		
財物	建物 機械設備 什器・備品	超ビジネス保険 （事業活動包括保険） ＜財産補償条項＞	企業総合保険 ＜財産補償条項＞ 企業財産包括保険	機械保険
	原材料・仕掛品 商品・製品			外航貨物海上保険 ロジスティクス総合保険
	コンピュータ		コンピュータ総合保険	
	工事の目的物		建設工事保険 組立保険 土木工事保険	貨物海上保険 運送保険
	自動車（車両）		TAP（一般自動車保険）［車両保険］	
	船舶		船舶普通期間保険	
営業利益など	生産中止・休業	超ビジネス保険 ＜休業補償条項＞	企業総合保険 ＜休業補償条項＞ 企業財産包括保険	
	興行中止		興行中止保険	
	異常気象・気象変動		異常気象保険 天候デリバティブ	
役員・従業員	従業員福利厚生	超ビジネス保険 ＜労災事故補償条項＞	労働災害総合保険 Tプロテクション（一般傷害保険） 団体長期障害所得補償保険（GLTD）	
	経営者保障（補償）		トータルアシスト からだの保険 普通傷害保険	長割り定期※ 長期平準定期保険※
	貯蓄・退職金	確定拠出年金（401k） ねんきん博士 （利率保証型積立傷害保険）	積立傷害保険 養老保険※	
損害賠償金	第三者賠償	超ビジネス保険 ＜賠償責任補償条項＞	各種賠償責任保険 海外PL保険	
			TAP（一般自動車保険） ［対人賠償責任保険・対物賠償責任保険］	
	事故削減		フリート事故削減アシスト	

※東京海上日動あんしん生命保険株式会社の保険商品　2014年12月31日現在

《損害保険商品》 ※東京海上日動火災保険株式会社の保険商品

■ 事業活動全般の保険

・超ビジネス保険
（事業活動包括保険）

■ 企業向け自動車の保険

・TAP（一般自動車保険）
・フリート事故削減アシスト
など

■ 企業財産に関する保険

・企業総合保険
・企業財産包括保険
・動産総合保険
・コンピュータ総合保険
・ヨット・モーターボート
総合保険
・テナント総合保険
・フランチャイズ・チェーン総合保険
・金融機関包括補償保険
・盗難保険
・カード盗難保険
・機械保険
・土木構造物保険
など

■ 船舶・貨物・運送の保険

・船舶普通期間保険、船舶不稼働損失保険、
船舶戦争保険
・船主責任保険（P&I保険）
・船舶建造保険、船舶修繕者賠償責任保険
・新オフハイヤー総合補償保険
・外航貨物海上保険、内航貨物海上保険
・運賠ナビゲーター
・運送業者貨物賠償責任保険
・ロジスティクス総合保険
・マネーディフェンダー
・マネーフレンド運送保険
など

■ 賠償責任に関する保険

・施設賠償責任保険
・請負業者賠償責任保険
・PL保険（生産物賠償責任保険）
・中小企業PL保険
（中小企業製造物責任制度対策協議会生産物賠償責任保険）

・自動車管理者賠償責任保険
・受託者賠償責任保険
・D&O保険（会社役員賠償責任保険）
・個人情報漏えい保険
・土壌浄化賠償責任保険
・病院賠償責任保険
・IT業務賠償責任保険
・警備業者賠償責任保険
・旅館賠償責任保険
・塾総合保険
・専門職業人賠償責任保険
・E&O保険（専門的業務賠償責任保険）
・CGL保険（英文一般賠償責任保険）
・海外PL保険
・アンブレラ保険
・船客傷害賠償責任保険
・瑕疵保証責任保険
など

2014年12月31日現在

■ 工事に関する保険

- 建設工事保険
- 組立保険
- 土木工事保険

■ 保証および信用に関する保険

- 身元信用保険
- 公共工事履行保証証券
- 金融保証、法令保証、入札・履行保証保険
- 住宅資金貸付保険、一般資金貸付保険
- 取引信用保険

など

■ 費用・利益の損失に関する保険

- リコール保険
 (生産物回収費用保険)
- 約定履行費用保険
- 興行中止保険
- 旅行変更費用保険
- レジャー・サービス施設費用保険
- 土壌浄化費用保険
- 操業開始遅延保険
- 開業遅延保険　など

■ その他の保険

- 労働災害総合保険
- Tプロテクション
 (一般傷害保険)
- 団体長期障害所得補償保険
 (GLTD)

確定拠出年金(401k)の運用商品

- ねんきん博士
 (利率保証型積立傷害保険)
- 航空機保険・人工衛星保険

など

《生命保険商品》 ※東京海上日動あんしん生命株式会社の保険商品

■ 企業・団体向けの保険

- 団体定期保険
- 総合福祉団体定期保険
- 団体信用生命保険

2014年12月31日現在

東京海上グループの歩み

一八七九年　東京海上保険会社が日本初の保険会社として創業

　　　　　　貨物保険の発売を開始

一八八〇年　釜山浦、上海、香港での営業を開始

一八八四年　英、仏、米での営業を開始

一八八八年　船舶保険の発売を開始

　　　　　　火災保険会（明治火災の前身）が設立

一八九〇年　社名を東京海上保険株式会社と改称

一八九一年　明治火災保険株式会社が設立

一八九四年　各務鎌吉をロンドンに派遣

一八九六年　国内最初の支店として大阪支店を開設

一八九八年　東京物品火災保険株式会社（日動火災の前身）が創業

一八九九年　英国ウィリス社に代理店を委託

一九〇八年　帝国帆船海上保険株式会社（日新火災の前身）が設立

一九一一年　東邦火災保険株式会社が設立

　　　　　　米国アップルトン・コックス社に総代理店を委託（海上保険営業を開始）

一九一四年　火災保険、運送保険、自動車保険の発売を開始

　　　　　　日本動産火災保険株式会社が創業（東京物品火災を継承）

一九一八年　社名を東京海上火災保険株式会社と改称

　　　　　　東京海上ビル旧館が落成

一九一九年　三菱海上火災保険株式会社が設立

一九二四年　関東大震災の被災者に震災見舞金の自力支払いを開始

一九二六年　傷害保険、ガラス保険、盗難保険、旅行傷害保険の発売を開始

一九三〇年　東京海上ビル新館が落成

一九三七年　航空保険の発売を開始

一九三八年　風水害保険の発売を開始

一九三九年　財団法人各務記念財団を設立

一九四四年　東京海上、明治火災、三菱海上の三社が合併

一九四五年　日本動産火災保険が東邦火災を合併

一九四六年　第二次世界大戦が終戦
　一切の在外資産、海外営業網を喪失

一九五〇年　日本動産火災保険が社名を日動火災海上保険株式会社と改称

一九五五年　ウィリス社を介してロンドン市場との取引を再開

一九五六年　自動車損害賠償責任保険の発売を開始
　アップルトン・コックス社を通じ米国元受営業を再開
　ウィリス社を通じ欧州元受営業を再開
　東海不動産株式会社（東京海上日動ファシリティーズの前身）が設立

一九六一年　住宅総合保険の発売を開始

一九六三年　交通事故傷害保険の発売を開始
　米国においてＡＤＲ（米国預託証券）を発行

一九六六年　地震保険の発売を開始

一九七〇年　自動車損害サービスセンターを設置
　英国にトウキョウ・マリンＵＫを設立

一九七三年　ブラジルにアメリカ・ラチーナ保険会社を設立

一九七四年　東京海上ビル本館が落成
　家庭用自動車保険を発売（示談代行サービスを開始）

一九七六年　米国にトウキョウ・マリン・マネジメント（ＴＭＭ）を設立

一九七七年　ＧｏＧｏ作戦（創業一〇〇年に向けた体質強化三カ年計画）を開始

一九七九年　創業一〇〇周年
　積立ファミリー交通傷害保険を発売

一九八〇年　ＮｅｗＳｔｅｐ‐１計画（第二世紀のスタートにあたっての体質強化五カ年計画）を開始

一九八五年　ＴｏＰＳ５カ年計画（総合安心サービス産業を目指す）を開始

一九八六年　東京海上エム・シー投資顧問株式会社（東京海上アセットマネジメントの前身）を設立

一九八七年　東京海上ビル新館が落成

東京海上メディカルサービス株式会社を設立

一九九〇年　IC-3計画を開始

英国にトウキョウ・マリン・ヨーロッパ（TME）を設立

一九九一年　正味収入保険料がわが国損保初の一兆円突破

東京海上キャピタル株式会社を設立

一九九二年　株式会社東京海上研究所を設立

資本金がわが国損保初の一〇〇〇億円突破

一九九三年　IC-95計画を開始

経営理念および経営方針を創設

一九九五年　株式会社東京海上ヒューマン・リソーシズ・アカデミーを設立

一九九六年　日動火災が日動生命保険株式会社を設立

信頼21計画の開始

東京海上ベターライフサービス株式会社を設立

東京海上リスクコンサルティング株式会社を設立

東京海上あんしん生命保険株式会社を設立

一九九八年　TAP（総合自動車保険）の発売を開始

一九九九年　「ビッグチャレンジ2001〜21世紀の新しい風〜」を開始

365日あんしんサービス（土日・祝日の損保サービス業務）を開始

東京海上事務アウトソーシング株式会社を設立

二〇〇〇年　再保険会社トウキョウ・ミレニアム・リー・リミテッドを設立

二〇〇一年　朝日生命保険・日動火災海上保険とミレア保険グループを結成

東京海上カスタマーセンターの稼動開始（業界最大級）

二〇〇二年　ブレイクスルー2003計画を開始

株式会社ミレアホールディングスを設立
「超保険」の発売を開始
東京海上フィナンシャルソリューションズ証券会社一〇〇%子会社化

二〇〇三年　朝日生命との経営統合見送りを発表
ミレア・リアルエステイトリスク・マネジメント株式会社（東京海上不動産投資顧問会社の前身）を設立
株式会社東京海上日動キャリアサービスが発足
東京海上日動あんしん生命保険株式会社が発足（東京海上あんしん生命と日動生命が合併）
株式会社日本厚生共済会（東京海上ミレア少額短期保険の前身）が設立

二〇〇四年　日本企業としてはじめて中国の現地資本企業および個人に対する損害保険業務の認可取得
「Nextage2005-実行-」を開始
スカンディア生命がミレアホールディングスの直接子会社となり、社名を東京海上日動フィナンシャル生命保険株式会社に変更

二〇〇五年　東京海上日動火災保険株式会社を設立（東京海上と日動火災が合併）
ロンドンにおける再保険会社トウキョウ・マリン・グローバル・リミテッドを開業
日新火災の発行済株式総数の30・99%を取得
貿易保険の引受業務に民間で初参入
日本の損保会社としてはじめての中国現地損保会社へ出資
ブラジル損保「レアルセグロス社」、同生保・年金会社「レアルヴィダ社」に、それぞれ一〇〇%、五〇%出資

二〇〇六年　「ステージ拡大　２００８」を開始
ミレア・モンディアル株式会社を設立しアシスタンス・ＢＰＯ事業へ参入
東京海上日動サミュエル株式会社を設立し施設型介護事業へ参入
東京海上日動アトラディウス・クレジットマネジメント株式会社を設立
日新火災海上保険と経営統合を行い、完全子会社化

二〇〇七年　東京海上日動メディカルサービス株式会社を子会社化
金融庁より行政処分（業務の一部停止命令および業務改善命令）を受ける
苦情対応マネジメントシステム国際規格ＩＳＯ１０００２適合宣言
東京海上日動保険サービス株式会社の子会社化とともに、社名を東京海上日動あんしんコンサルティング株式会社に変更

東京海上日動リスクコンサルティング株式会社を子会社化
トウキョウ・マリン・ミドル・イーストを設立

二〇〇八年　株式会社日本厚生共済会を子会社化するとともに、社名をミレア日本厚生少額短期保険株式会社に変更
英国ロイズのキルン社を買収
東京海上ホールディングス株式会社を設立（持株会社の商号をミレアホールディングスから変更）
東京海上日動火災保険（中国）有限公司を中国現地法人化
米国損保のフィラデルフィア・コンソリデイティッド社を買収

二〇〇九年　「変革と実行２０１１」を開始
イーデザイン損保設立準備株式会社を設立
イーデザイン損保設立準備株式会社の商号をイーデザイン損害保険株式会社に変更

二〇一〇年　東京海上ビジネスサポート株式会社を設立
火災保険「トータルアシスト住まいの保険」を発売
東京海上日動火災保険（中国）有限公司 広東支店を開業
生損保一体型保険「トータルアシスト超保険」をリニューアルして発売
ミレア日本厚生少額短期保険株式会社の商号を東京海上ミレア少額短期保険株式会社に変更
二〇一一年　トウキョウ・マリン・ノース・アメリカを設立
東京海上日動火災保険（中国）有限公司 江蘇支店を開設
二〇一二年　「変革と実行2014」を開始
米国生損保のデルファイ・フィナンシャル・グループ社を買収
東京海上日動火災保険（中国）有限公司 北京支店を開業
二〇一三年　トウキョウ・ミレミアム・リー・リミテッドの社名をトウキョウ・ミレニアム・リー・アーゲーへ変更
欧州保険事業体制を再編し、中間持株会社トウキョウ・マリン・キルンを設置
二〇一四年　自動車保険誕生一〇〇周年
東京海上アシスタンス株式会社を設立
東京海上ウエスト少額短期保険株式会社を設立
東京海上日動あんしん生命が東京海上日動フィナンシャル生命保険を合併

参考文献

『東京海上百二十五年史』（東京海上日動火災保険株式会社）
『東京海上火災保険株式会社百年史　上・下』（東京海上火災保険株式会社）
『東京海上の１００年』（東京海上火災保険株式会社）
『東京海上ホールディングス アニュアルレポート』（東京海上ホールディングス株式会社）
『東京海上日動の現状２０１４』（東京海上日動火災保険株式会社）
東京海上グループ各社ホームページおよびニュースリリース・ＩＲ資料
新聞各紙、雑誌各誌、ほか

【な】

【た】

索引

索引

著者プロフィール

野崎稚恵（のざき・ちえ）
ノンフィクション・ライター。1967年新潟県生まれ。青山学院大学文学部卒業。証券会社、出版社勤務を経てフリーに。経済、金融、経営、営業などをテーマに活動中。著書、翻訳書に『リーディング・カンパニーシリーズ　丸紅』（出版文化社）『成功はゴミ箱の中に―レイ・クロック自伝』（プレジデント社）など。

倉田楽（くらた・らく）
フリーの編集・ライター。1960年京都府生まれ。出版社で情報誌の編集・広告営業に携わった後、独立。現在、企業発行のフリーペーパーや雑誌、電子書籍、ウェブの企画・編集、ビジネス書、実用書の執筆を中心に活動中。

久野康成（くの・やすなり）
久野康成公認会計士事務所所長、株式会社東京コンサルティングファーム代表取締役会長。東京税理士法人統括代表社員。公認会計士・税理士・社団法人日本証券アナリスト協会検定会員。1965年愛知県生まれ。滋賀大学経済学部卒業。1990年青山監査法人（プライスウオーターハウス）入所。1998年久野康成公認会計士事務所を設立。営業コンサルティング、IPOコンサルティングを主に行う。『海外直接投資の実務シリーズ』（TCG出版）など著書多数。

リーディング・カンパニー シリーズ「東京《とうきょう》海上《かいじょう》ホールディングス」

2015年4月4日　初版第1刷発行
著　者　野崎稚恵　倉田楽　久野康成
発行所　株式会社出版文化社（ISO14001認証取得：JQA-EM2120）
〈東京本部〉
〒101-0051 東京都千代田区神田神保町2-20-2 ワカヤギビル2階
TEL：03-3264-8811(代)　FAX：03-3264-8832
〈大阪本部〉
〒541-0056 大阪市中央区久太郎町3-4-30 船場グランドビル8階
TEL：06-4704-4700(代)　FAX：06-4704-4707
受注センター TEL：03-3264-8811(代)　FAX：03-3264-8832
E-mail：book@shuppanbunka.com
発行人　浅田厚志
印刷・製本　株式会社倉田印刷

当社の会社概要および出版目録はウェブサイトで公開しております。
また書籍の注文も承っております。→ http://www.shuppanbunka.com/
郵便振替番号　00150-7-353651

Directed by Masaru Tsutsui

ISBN978-4-88338-578-2　C0034